　　前法国总统希拉克称赞宫春虎先生的画马艺术"表现了中国绘画的伟大传统及其现代性"。

　　尊敬的陈先生：

　　您寄来的邮件和画家宫春虎先生为我而创作的作品《奋进图》已收到，谨致以深深的谢意。

　　我非常高兴地获悉这位才华横溢的艺术家也十分喜爱法国。他的画作成功地表现了中国绘画的伟大传统及其现代性。请代我向宫先生转达我的谢意。希望他继续为促进中法各个领域的交流做出贡献。

　　再次鸣谢，并致以最真挚的问候。

　　雅克·希拉克

LE PRÉSIDENT DE LA RÉPUBLIQUE

Paris, le 27 juin 2005

Cher Monsieur,

　　Le courrier ainsi que l'œuvre "Toujours en avant" conçue à mon intention par le peintre Gong Chunhu que vous avez eu l'amabilité de m'adresser me sont bien parvenus et je tenais à vous en remercier vivement.

　　J'ai été très heureux d'apprendre que ce talentueux artiste était aussi un fervent admirateur de notre pays. Son œuvre témoigne avec bonheur de la grande tradition de la peinture chinoise, mais aussi de sa modernité. Je vous prie de vous faire mon interprète auprès de M. Gong pour lui transmettre tous mes remerciements. J'espère pouvoir continuer à compter sur son soutien amical pour promouvoir les échanges entre la Chine et la France dans tous les domaines.

　　Avec à nouveau tous mes remerciements, je vous prie d'agréer, Monsieur, l'expression de mes sentiments les meilleurs.

Bien cordialement,

Jacques CHIRAC

　　宫春虎先生创作的《万马图》绘制在长 25 米、宽 0.45 米的宣纸上，用白描法绘有骏马 9999 匹，荣获大世界基尼斯之最。中央人民广播电台曾用 43 种语言向世界各国推介宣传该作品。

　　《万马图》是宫春虎先生经过 1600 多个日日夜夜奋战才完成的。《万马图》中画有奔腾、仰卧、侧立、啃咬、亲昵等各具神态、生龙活虎的马总计 9999 匹，比唐朝大画家韦偃画的《牧放图》中的 1200 匹马多 8799 匹，是目前世界上绘马数量最多的长卷画。

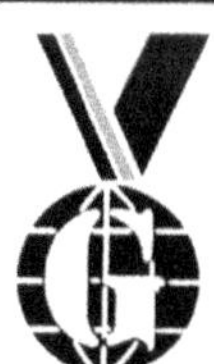

大世界基尼斯之最

绘马数量最多的长卷画 —— "万马图"

数量：9999 匹

宫春虎（天津）1995 年 1 月 16 日至 1999 年 6 月 16 日在长 25 米、宽 0.45 米宣纸上绘制完成。

NO: 01247

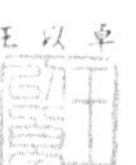

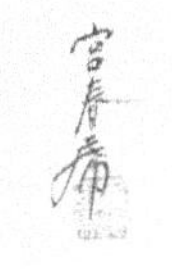

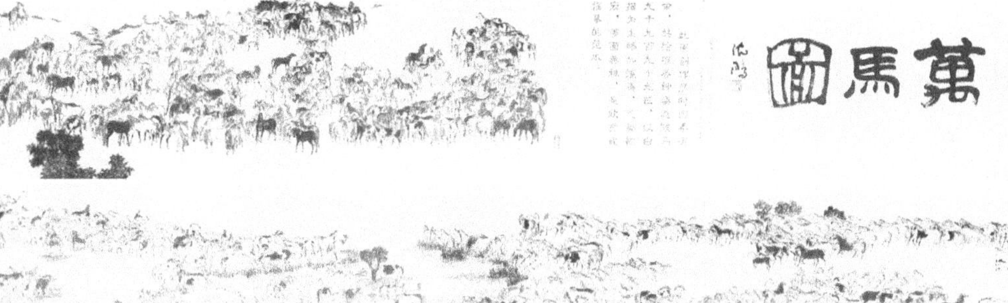

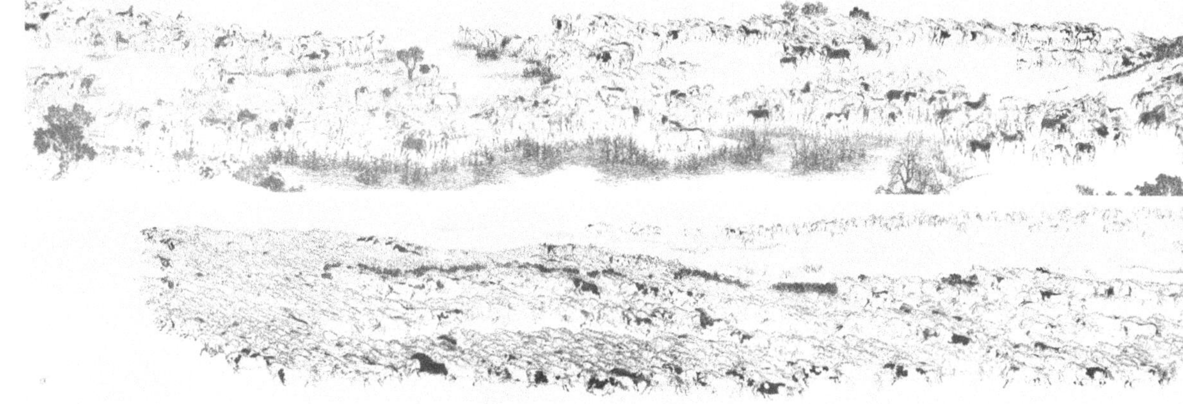

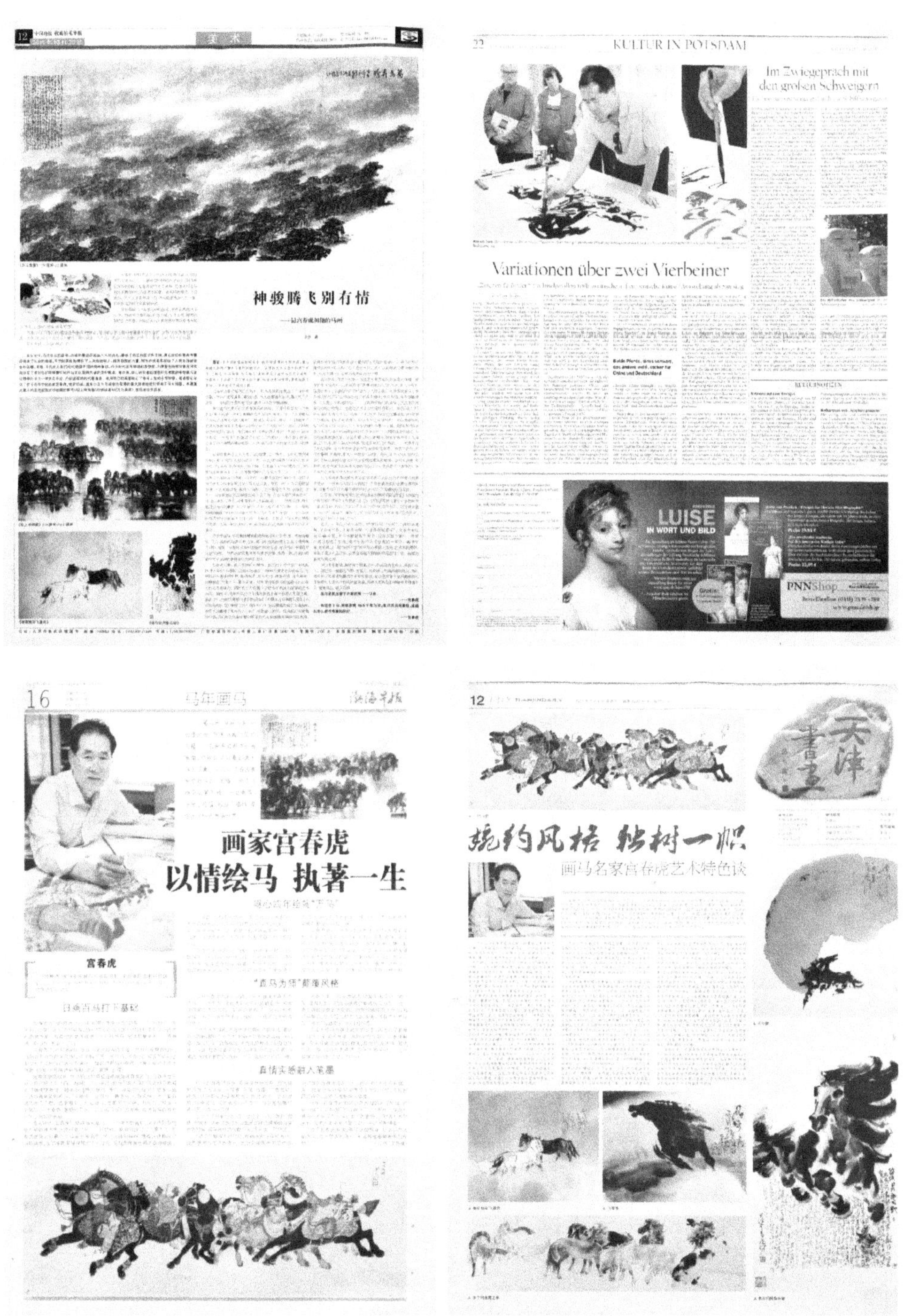

　　宫春虎先生及其作品被中外媒体多次报道，如《中国收藏》《世界文化》《人民日报》海外版、《天津日报》《羊城晚报》《中国商报》《中国书画报》、德国《柏林日报》、波茨坦日报《Potsdamer Neueste Nachrichten》、马来西亚《星洲日报》、新华网等。作品被法国、日本、英国、瑞士、美国、马来西亚、韩国等国家的爱好者及国内外美术机构收藏。

宫春虎画马技法系列教材

马的速写 ❶

宫春虎 著

MG Education Press

《马的速写（1）》（官春虎画马技法系列教材）

官春虎著

© 2023 官春虎

国际统一书号：

ISBN 979-8-88847-006-0 (pbk)

责任编辑：孙 娜

封面设计：孙 娜

How to Sketch Horses (1)

By Chunhu Gong

Copyright © 2023 by Chunhu Gong

ISBN 979-8-88847-006-0 (pbk)

Editing by Na Sun

Cover design by Na Sun

Published by MG Education Press

Indiana, USA

https://mgedpress.org

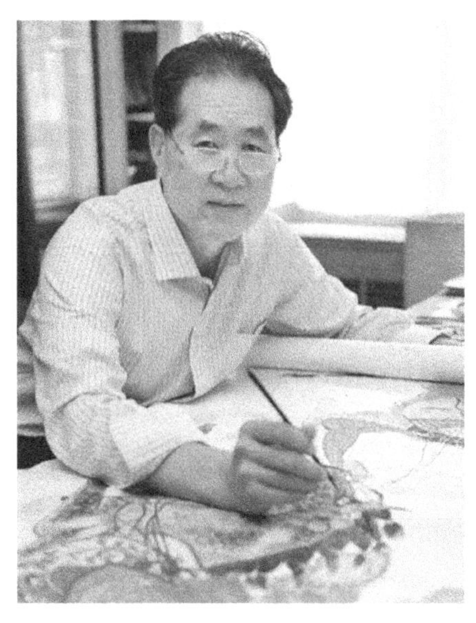

宫春虎小传

宫春虎先生自幼跟随外祖父养马，画马。小学时接受专业画马指导，每天作业必画马的千姿百态。初中开始研习中国古典文学、诗词，以及书法与画马史；并拜张大千入室弟子刘君礼教授学习山水画。初中毕业后进入师范学校专攻画马与素描、透视及色彩。在少年宫专职教授美术课期间，拜徐悲鸿弟子、著名画马艺术家韦江凡先生学习写意画马，同时期得到著名画家黄胄先生指导速写马的技法。数十年来坚持画马艺术的创作与探索，形成了鲜明的个人风格。写意画马作品雄浑厚重，气势磅礴。工笔画马温婉细腻，富于诗意。

经过几十年的教学与艺术实践，宫春虎先生在画马艺术领域的学术研究成果丰硕，成功地建立了"写意马"由"二维少马"向"三维群马"转换的新型式，并对此进行系统理论总结。写意技法代表作《百万雄师过大江》《花语无尽漫天来》《万马奔腾》由"少马"质变为"群马"，极大地拓展了表现空间。

与此同时，宫春虎作品建立了婉约的马画风格，将中国传统文化中的诗词精髓与画马艺术进行有机的对接。诸多代表作《在水一方》等"雨景"的系列创作，将唐诗宋词中"雨景"的精髓外化为一幅幅情深深、雨濛濛的图像，给观众带来了唯美的精神享受。

宫春虎先生长期从事画马学术研究，在国内首先提出画马艺术的"移情"理论。所谓"移情"即将人的思想感情与马进行有机的结合，从而达到移情于马及"人马合一"的境界。"移情"理论的研究成果得到画马艺术领域的关注与认可。在研究中，宫春虎还发现了马的瞳孔可随光线的强弱而调节，以及马的后肢股骨、胫骨腓骨与跖骨运动时的夹角的相似性，得到世界各国同行的关注与好评。

宫春虎画马作品被中国美术界与媒体评价为具有形、神、情兼备的婉约风格，作品独树一帜并呈现出精神领域的多元化。经过长期的艺术实践，宫春虎先生已陆续出版了画马技法著作21种，个人绘画专辑3本，论文10余篇。

宫春虎先生长期从事画马教学公益活动，义务教授农村中小学生画马艺术课程。举办的暑期画马夏令营等公益活动获得社会各界好评。

宫春虎先生曾多次受邀参加欧洲、亚洲各国画马艺术的国际交流活动。曾与法国著名画家方索先生现场合作，以法国玛丽山为背景，为法国大使馆创作了《玛丽神驹图》成为媒体关注的热点新闻。时任法国总统希拉克在给宫春虎先生的回信中，称赞宫春虎的画马艺术，并希望他继续为中法文化交流做出贡献。

专著目录：

1.《马的速写技法》
2.《马的画法》
3.《水墨画马》
4.《中国历代鞍马画作赏析》
5.《画马技法深探》
6.《绢画画马技法》
7.《怎样画动物》（英文版）
8.《万马图典》
9.《徐悲鸿画马技法》
10.《画马白描集萃》
11.《中国画马艺术》
12.《春虎谈马》

学术论文：

1.《浅谈悲鸿马的造型》
2.《从赛马运动看马体改良》
3.《浅谈郎世宁的画马艺术》
4.《情在马画中的运用》
5.《浅谈马文化在丰富群众文化生活提升群众文化品位中的作用》
6.《中西画马艺术之比较》
7.《浅谈马的运动结构》
8.《马踏飞燕之我见》
9.《谈谈马画艺术的变形》
10.《笔触在写意画马中的运用》
11.《画马要以真马为师》
12.《写意画马艺术之比较》

国际交流：

- 前法国总统希拉克专门回信称赞宫春虎画马艺术，并希望他为中法文化做出贡献。
- 受邀赴德国参加中德文化艺术交流活动，德国《柏林日报》整版介绍宫春虎中国马画及书法艺术；波茨坦日报《Potsdamer Neueste Nachrichten》、新华网等多家媒体进行了报道。
- 马来西亚报纸多次介绍宫春虎《万马图》，作品藏家将图喷在汽车上全国游展。
- 中央人民广播电台用 43 种语言向世界各国推介宣传《万马图》。
- 瑞典、德国、奥地利的中国画爱好者专程来津向宫春虎拜师学画。
- 受土库曼斯坦国家邀请进行马文化交流（见新华社报道），短时期内浏览量突破 150 万。
- 为中国驻土库曼斯坦大使馆创作《群马图》和《汗血马蒙古马》。
- 《一代天骄》工笔重彩作品被台湾航空公司采用，在国际上获得良好评价。
- 作品被法国、日本、英国、瑞士、美国、马来西亚、韩国等国家的爱好者及国内外美术机构收藏。

教学活动：

- 中央电视台特聘美术教师主讲画马课程
- 曾受教育部之邀，创作教学图谱 60 余幅，由北京电影制片厂发行

评论文章：

- 《中国工笔画马艺术的当代发展及其审美意蕴》
- 《同名而异法——徐悲鸿、韦江凡、宫春虎马画的创作技法之比较》
- 《历代马画艺术的婉约风格及其审美流变》
- 《美善情的交织——试论宫春虎马画的美学价值》

前　言

　　马的速写，首先是深入的观察。宋代画马名家李公麟就是观察的高手。一次国外进贡了五匹骏马，李公麟奉旨为其写生。当看到一匹名为满川花的马时，他发现马的眼睛上眼睑结构宽厚，下眼睑结构则较窄薄，因此在表现满川花眼睛时，上眼睑用线粗壮，下眼睑线条则较为窄淡，加上浓浓的瞳孔，马的眼睛立刻展现出生机勃勃的状态。

　　表现马的头部时笔锋宽行，越向下，笔锋渐细并坚挺。当越过了鼻梁骨进入鼻端口唇时，笔锋逐渐地放开变软。单纯的一条墨线竟能将马头的骨质感、口鼻肌肉的柔软感表现得如此淋漓尽致，这就是深入观察的效果。

　　其次是记牢。我们把观察到的关键图像牢牢地记在脑海里，如同粒粒珍珠日积月累最终串成璀璨的项链。

　　再有就是拆装。我们将马体在脑海中不停地解析，使马体结构在脑海中没有盲点。

　　第四就是让马动起来，看看奔跑时马的四肢运动流畅了吗，转弯时重心稳定了吗，翱翔于空时它们兴奋了吗，等等。

　　长期的速写使我们对马从陌生到熟悉再到谙熟于心，从一两匹马到千军万马，从马厩到到脑海再到千家万户。

　　这就是速写的功劳。

宫春虎

二零二三年一月

目　录

一、马的外形

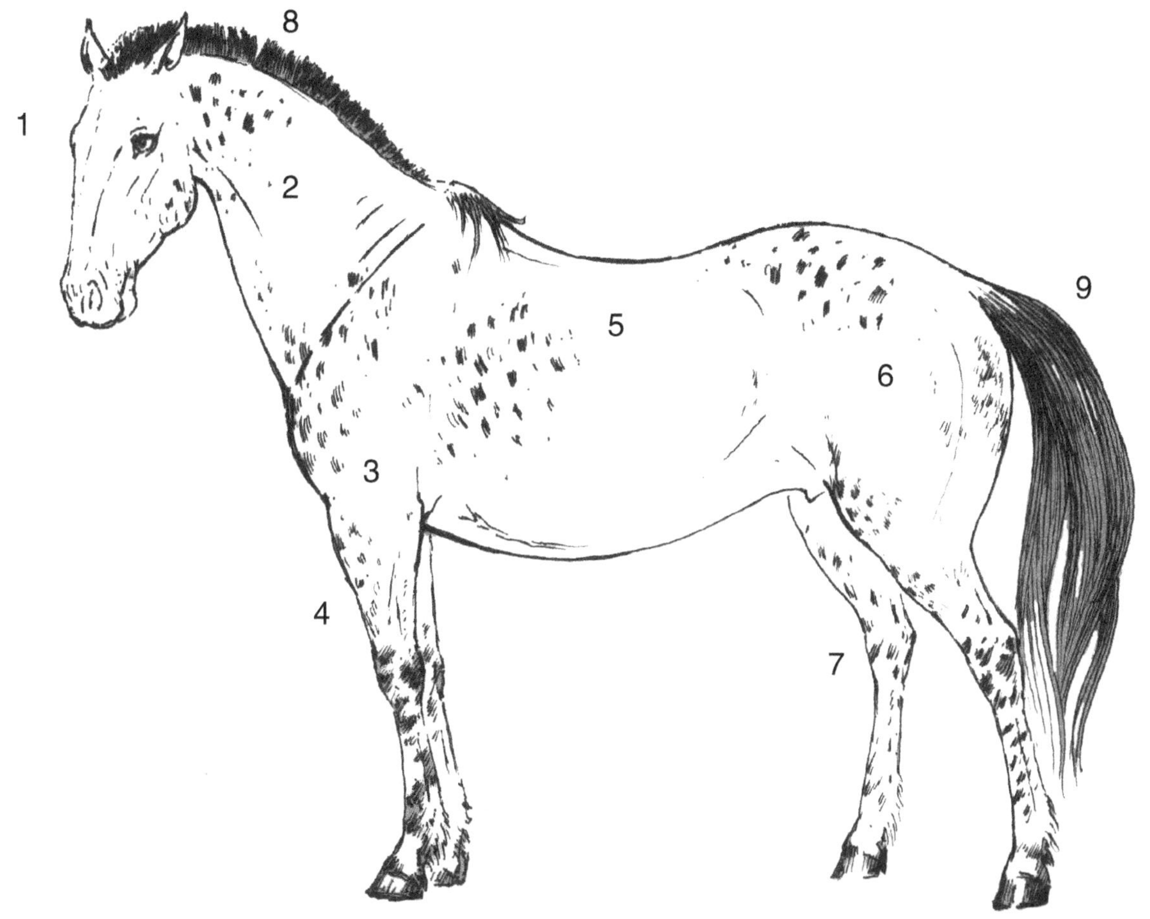

马的外形结构很复杂。我们可以根据速写的需要简单归纳为：

1.头部　2.颈部　3.肩胸部　4.前肢　5.腹背部　6.臀部　7.后肢　8.鬃　9.尾

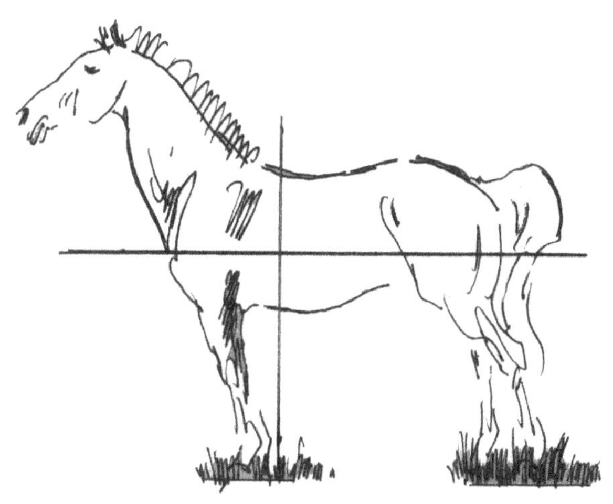

马体的重心位置。

二、马的骨骼

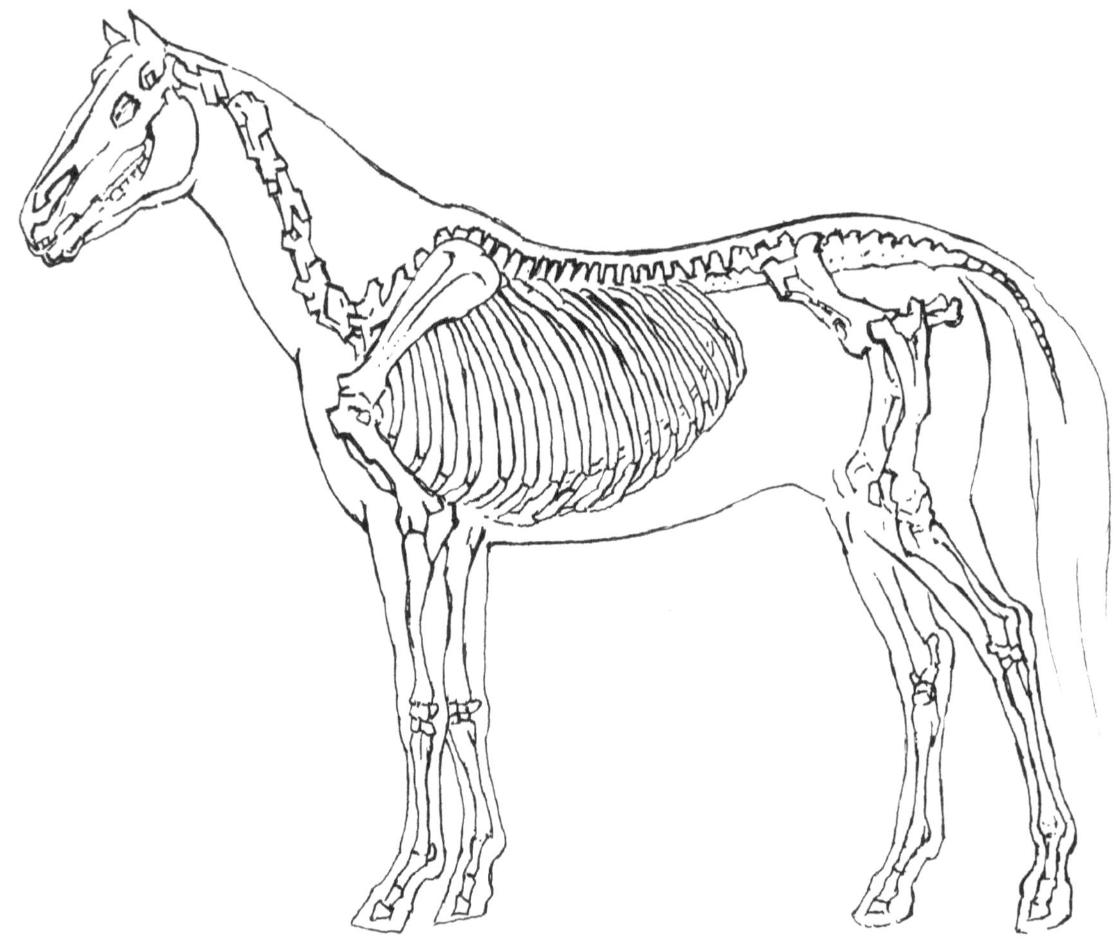

马的骨骼共 205 块，其中：

- 头骨 34 块，
- 脊椎骨 54 块，
- 肋骨 36 块，
- 胸骨 1 块，
- 前肢骨 40 块，
- 后肢骨 40 块。

在实际速写中，我们可把马的骨骼想象得更简单些，只抓住那些影响马体外形的骨骼就可以了。

三、马的肌肉

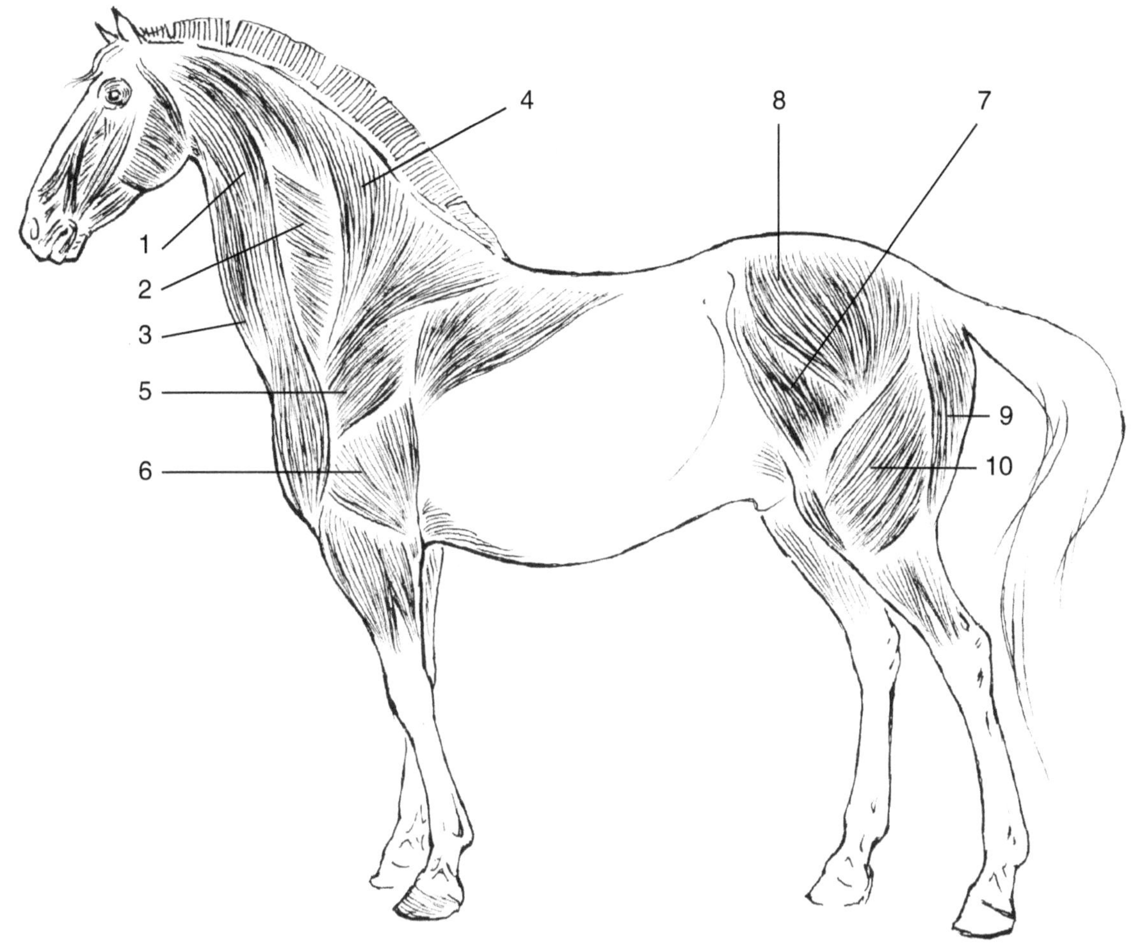

马体的肌肉丰富，主要集中于颈、肩、臀等部位。

颈部主要有：

    1. 臂头肌，

    2. 颈下锯肌，

    3. 胸头肌，

    4. 颈斜方肌。

肩部主要有：

    5. 三角肌，

    6. 臂三头肌。

臀部有：

    7. 股阔筋膜张肌，

    8. 臀浅肌，

    9. 半腱肌，

    10. 股二头肌等。

（一）肌肉变形

1. 躯干扭曲练习

　　躯干扭曲的练习对于我们熟练地运用马体结构很有意义。激烈运动的马，我们要尽可能做到眼、脑、手的迅疾配合，留下最生动的一刹那。

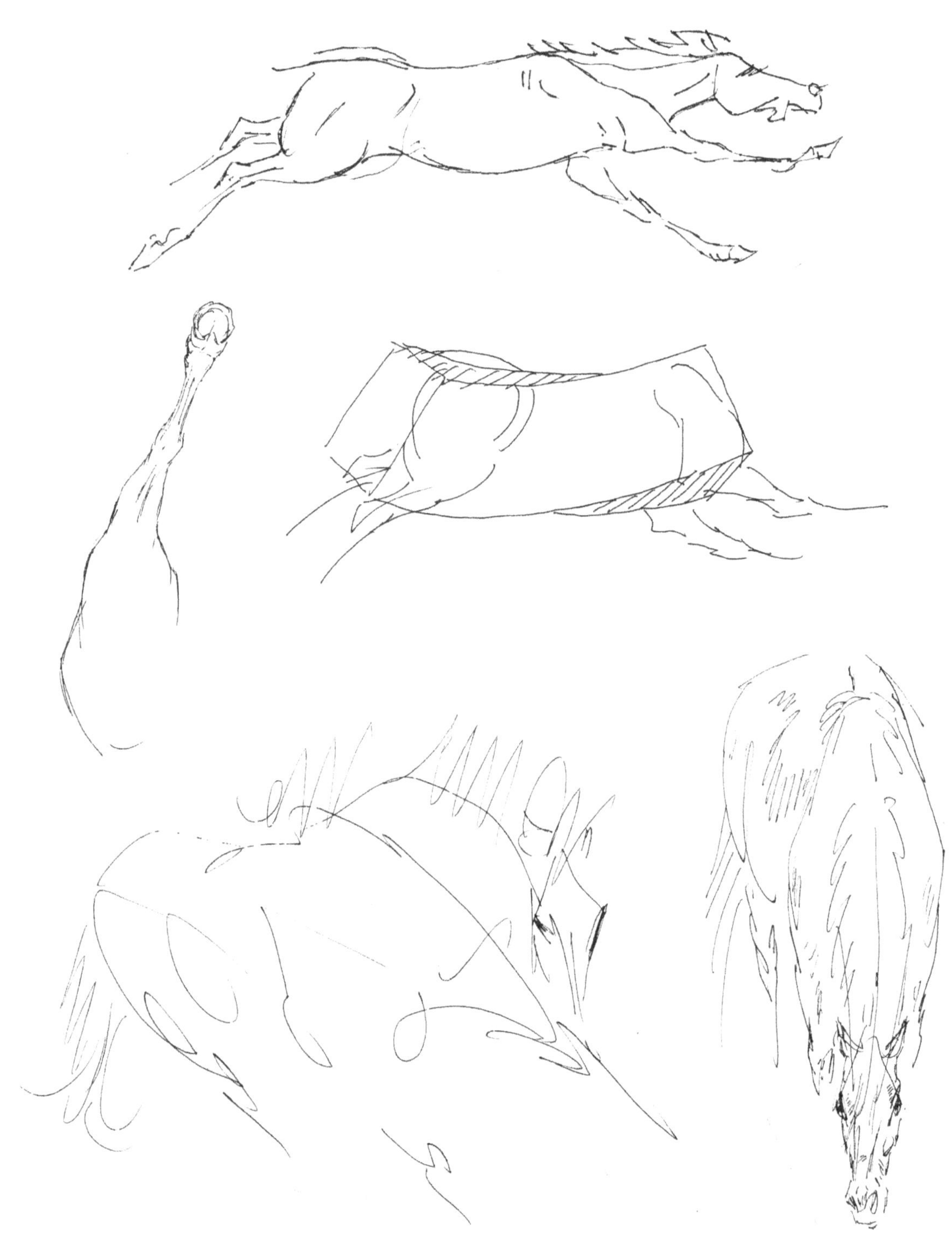

2. 马腿肌肉练习

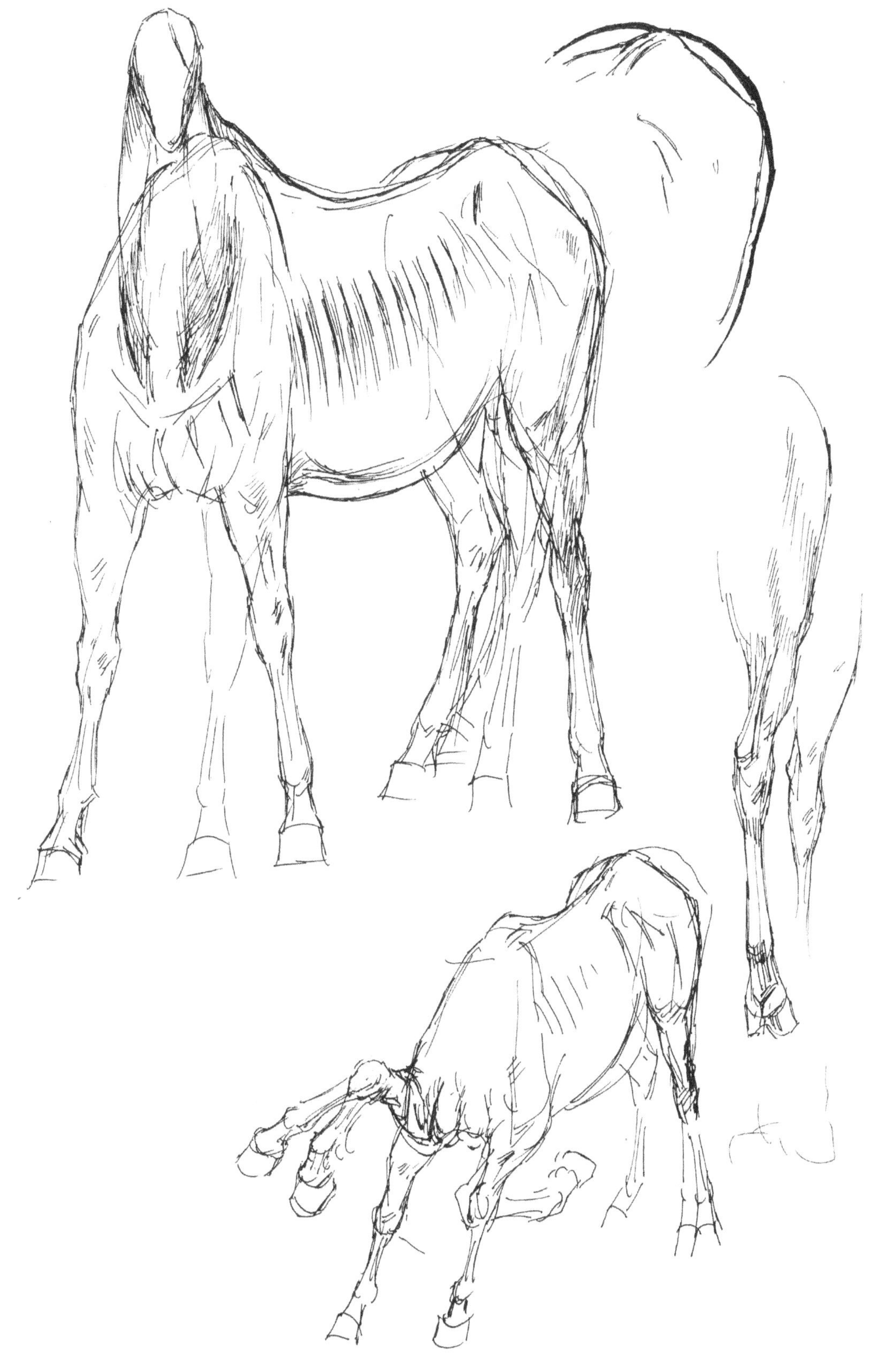

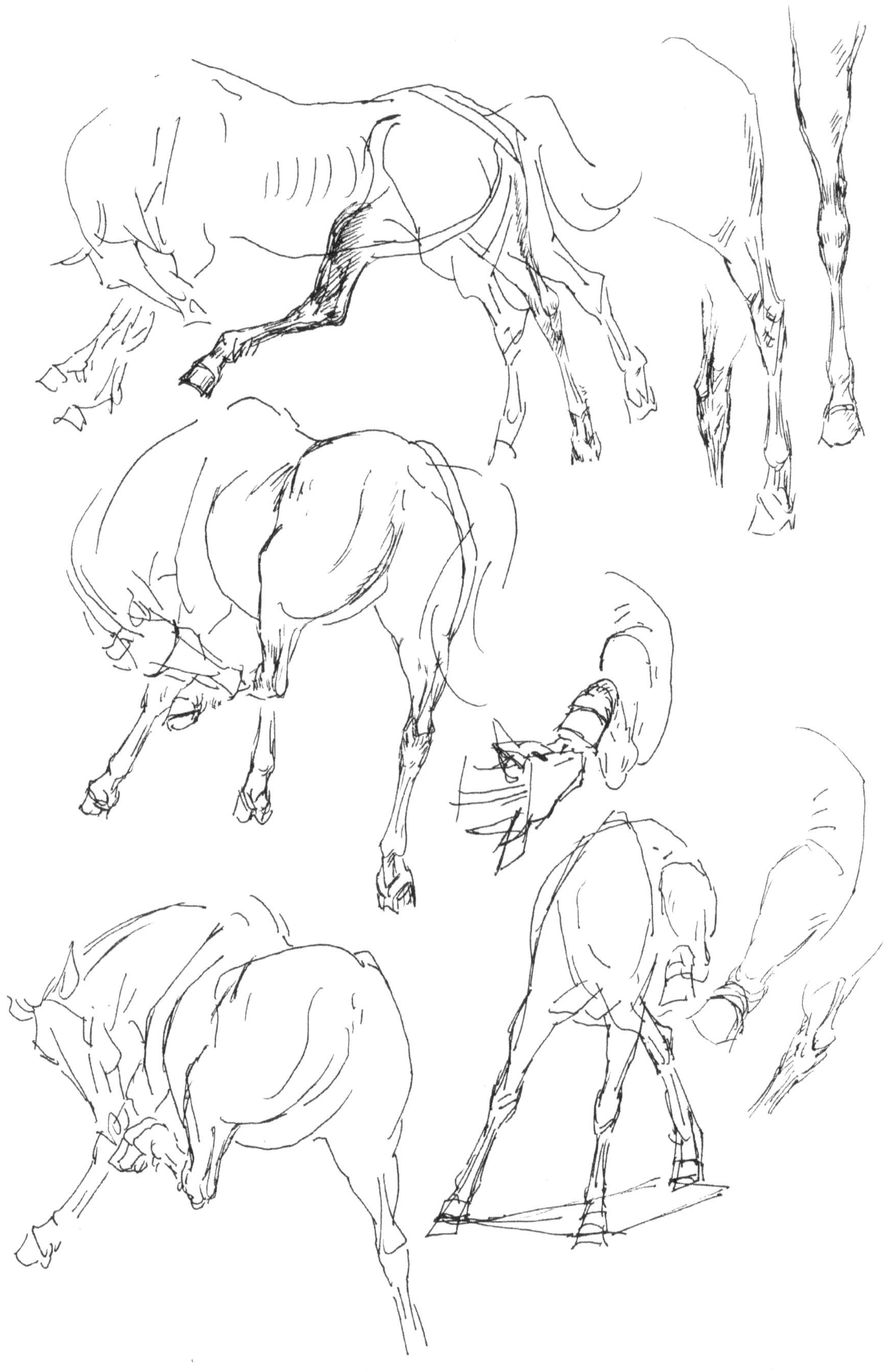

肌肉受到挤压发生形态的变化。

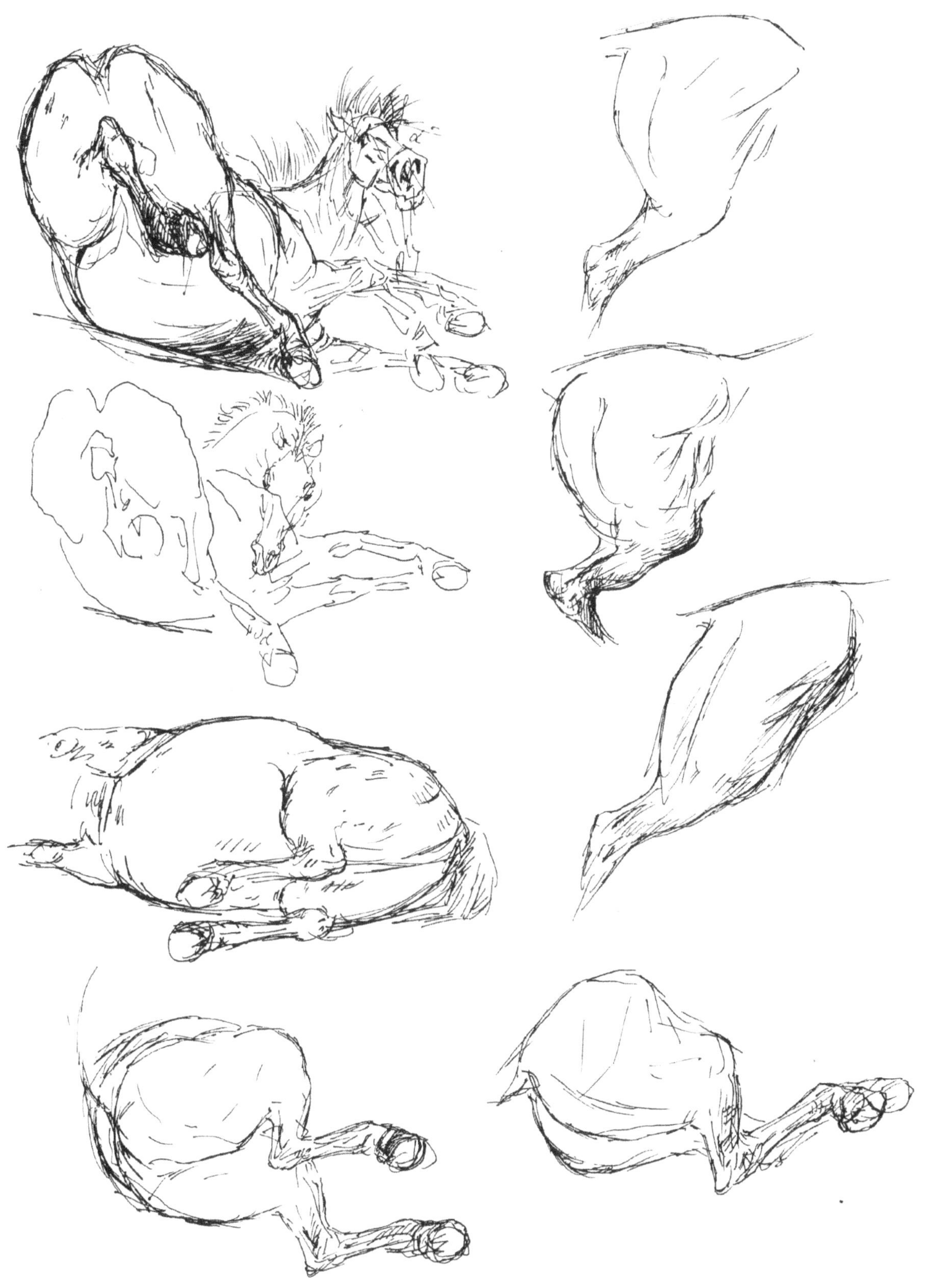

四、马体的比例

　　马体的比例因种类的不同而略有区别，但大致是差不多的。

　　重型马，身体略呈长方形，身长是头长的两倍半以上，颈部稍长于头部。

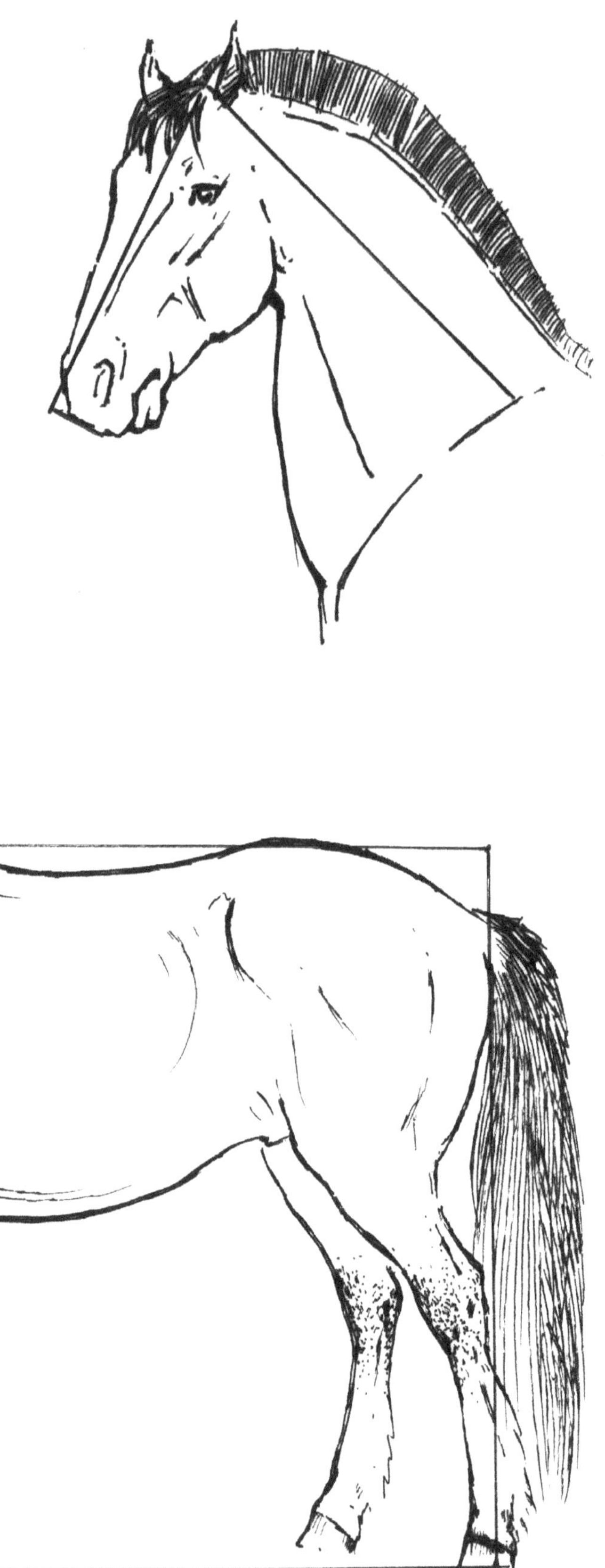

　　轻型马，身体呈长方形，身长约是头长的三倍以上，是颈长的两倍以上，颈部明显长于头部。

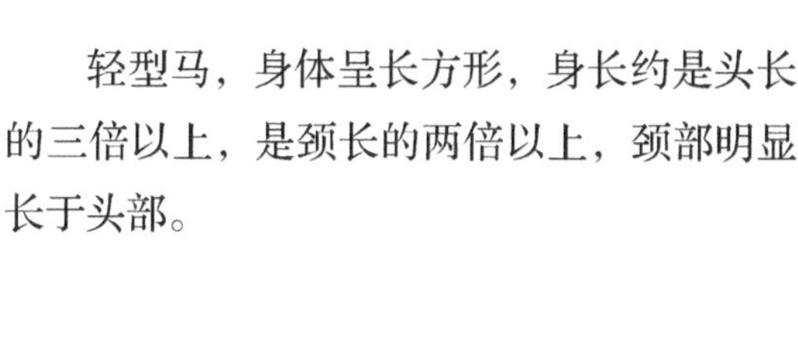

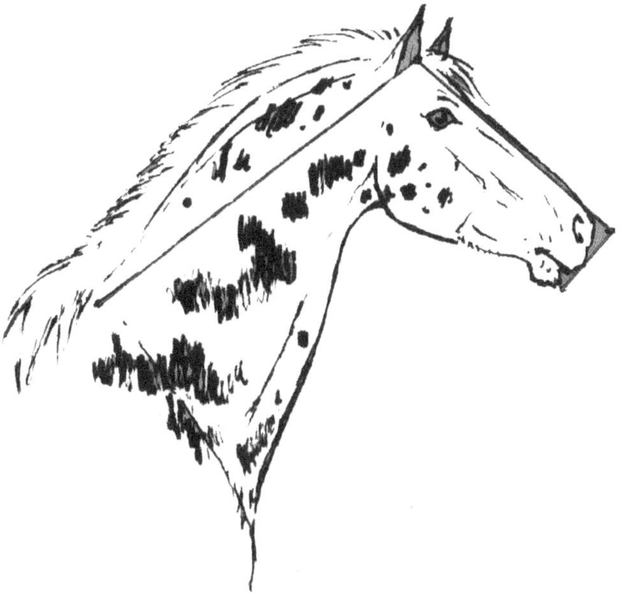

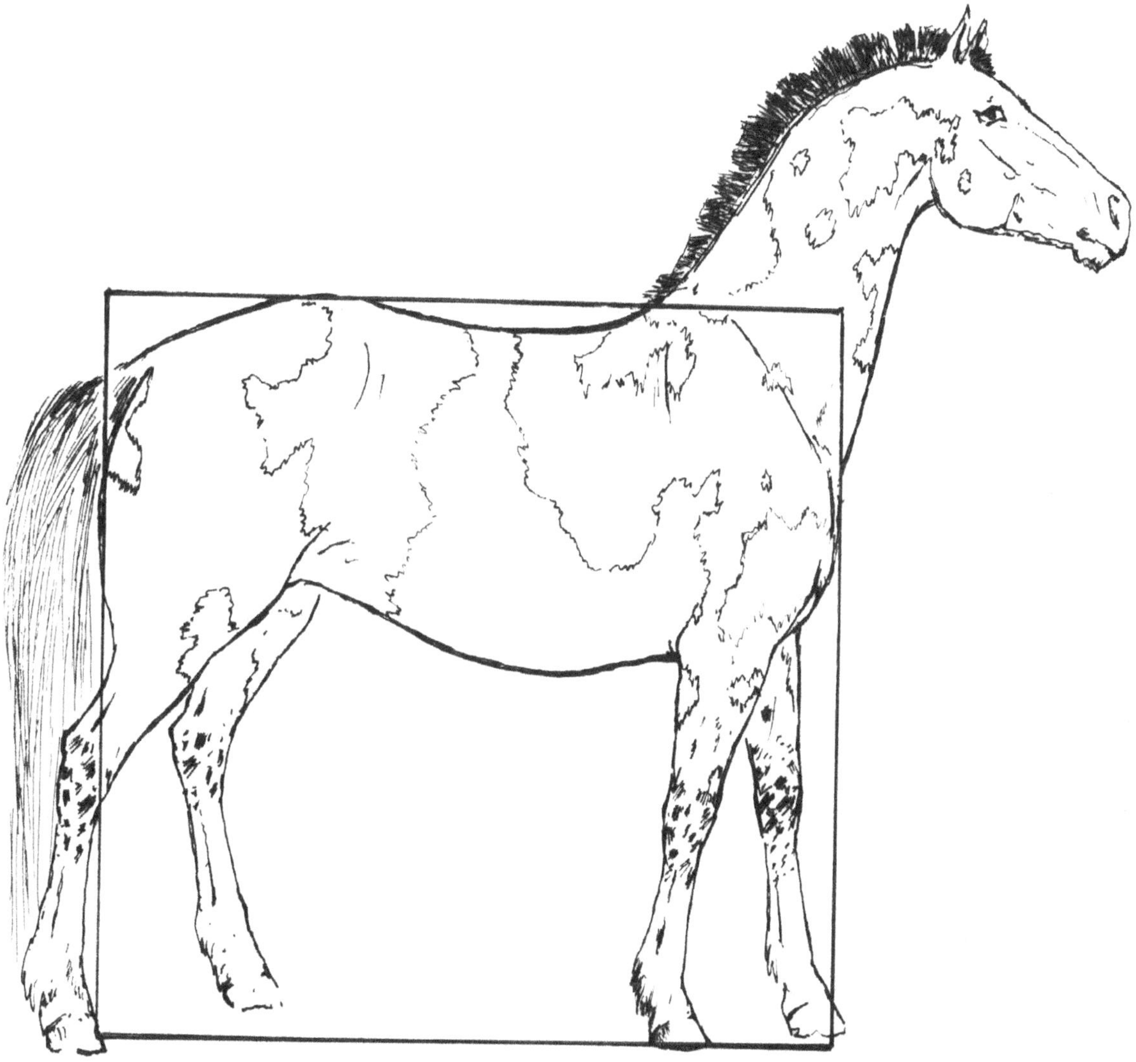

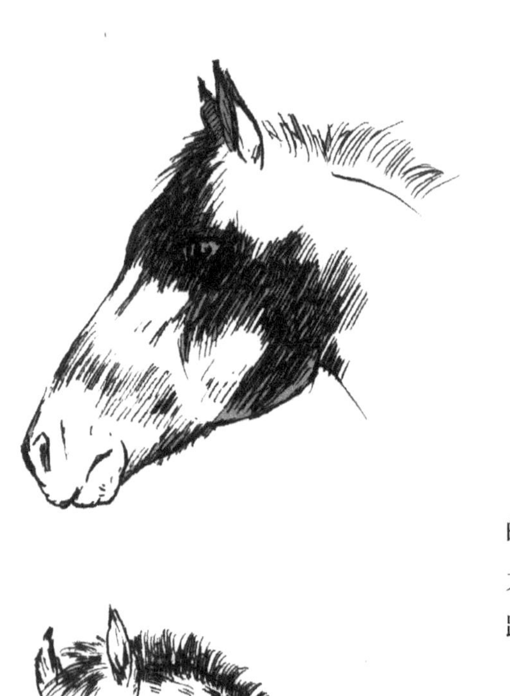

小马躯干较短，身体呈高方形，随着年龄的增长，身体的长度逐渐增加。小马的额部较大，口鼻部较小，耳朵、眼睛较大，关节明显，蹄子呈一个倒置的梯形。

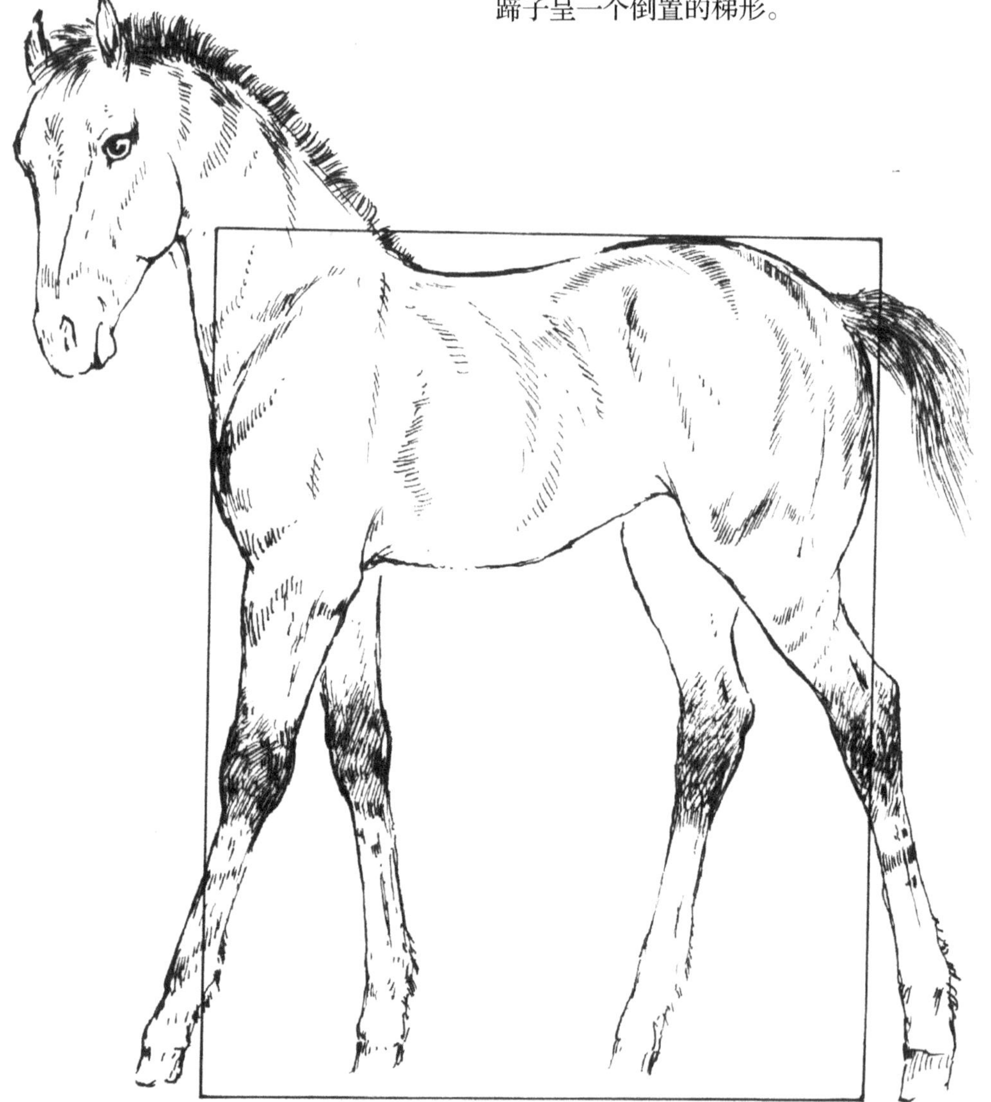

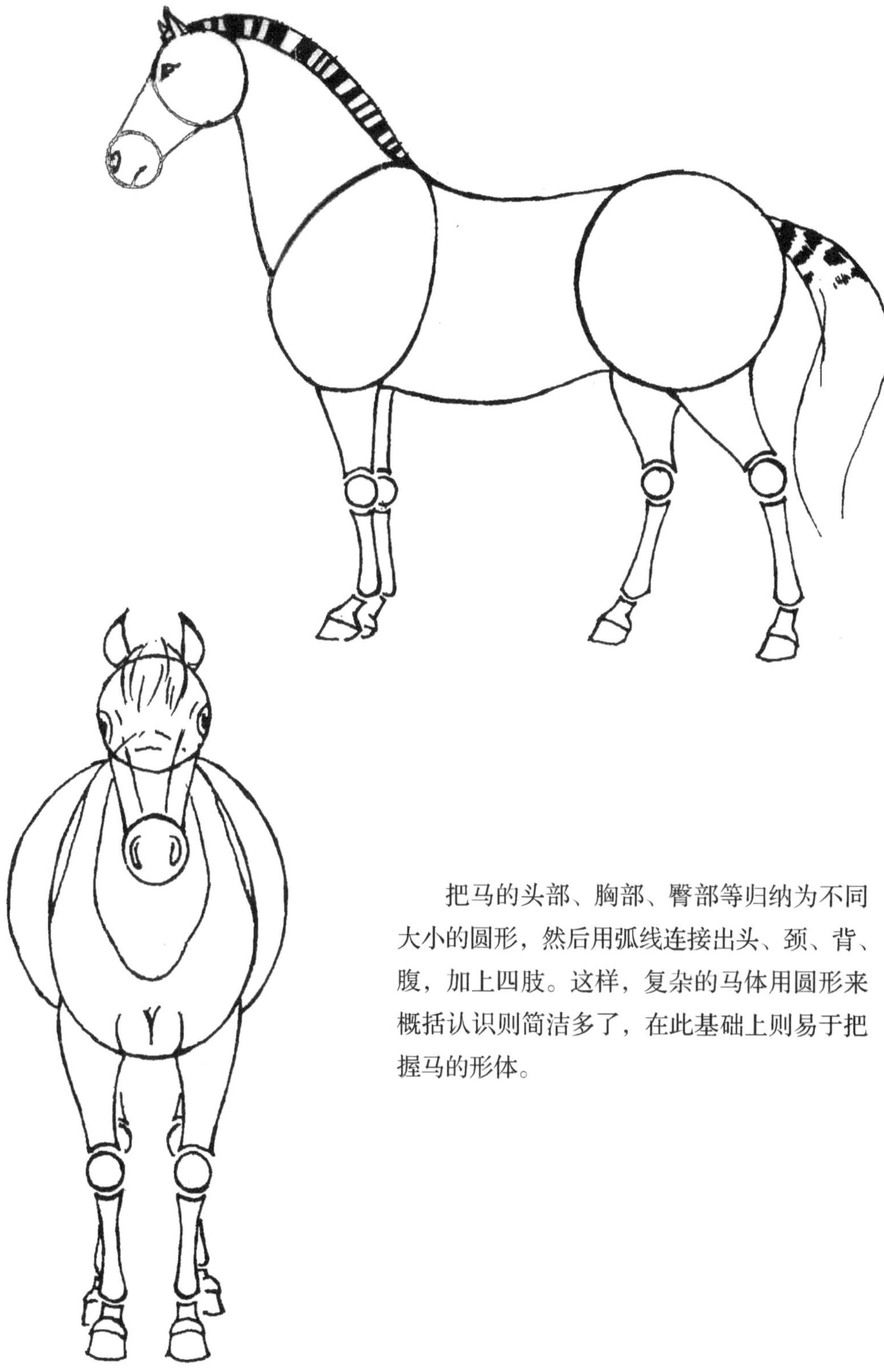

把马的头部、胸部、臀部等归纳为不同大小的圆形，然后用弧线连接出头、颈、背、腹，加上四肢。这样，复杂的马体用圆形来概括认识则简洁多了，在此基础上则易于把握马的形体。

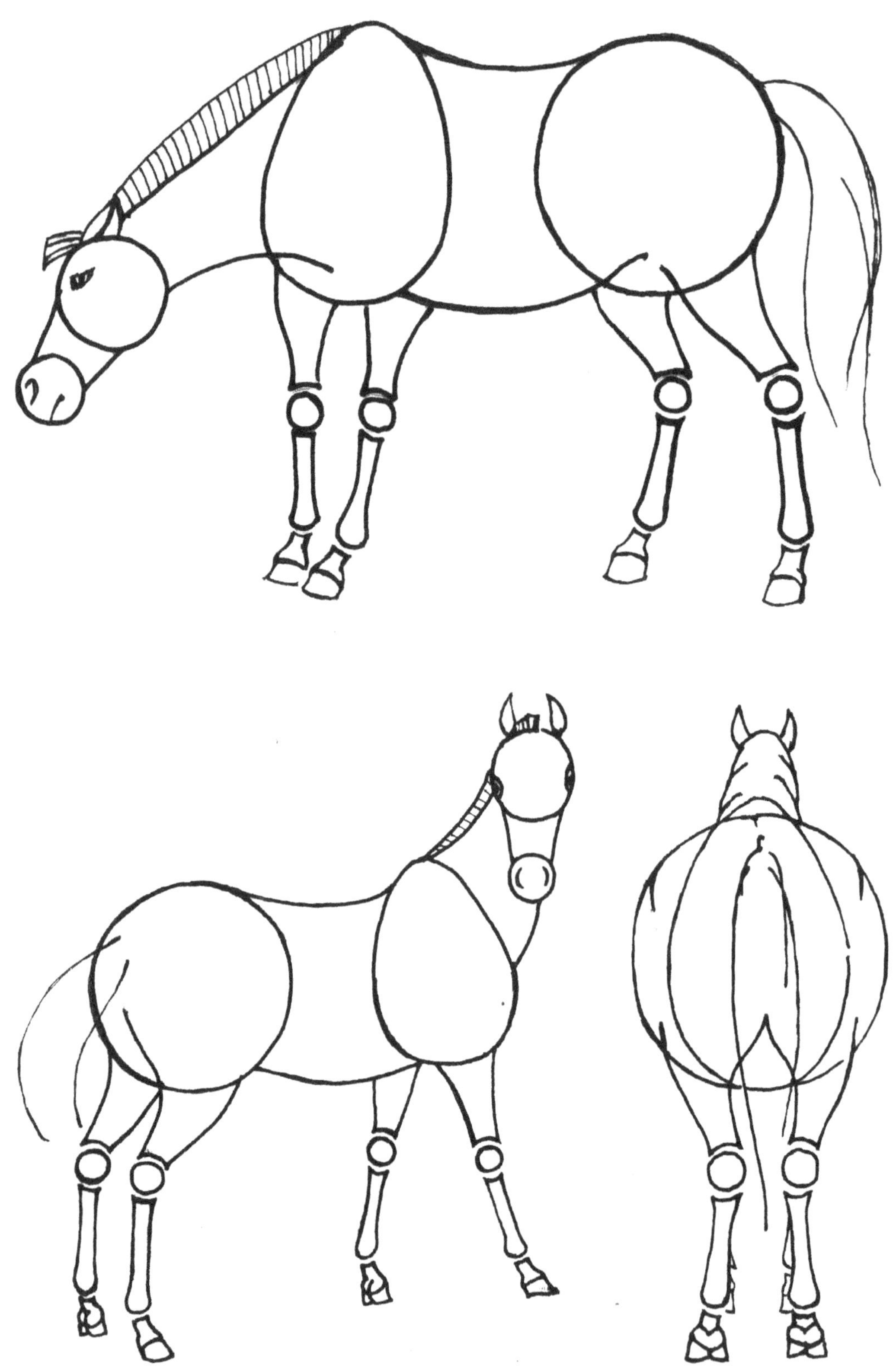

（一）马体的几何形结构归纳

　　把复杂的马体结构归纳为不同形状的方形或立体块面结构，这种方法对于理解马体各部位的体面关系帮助很大。

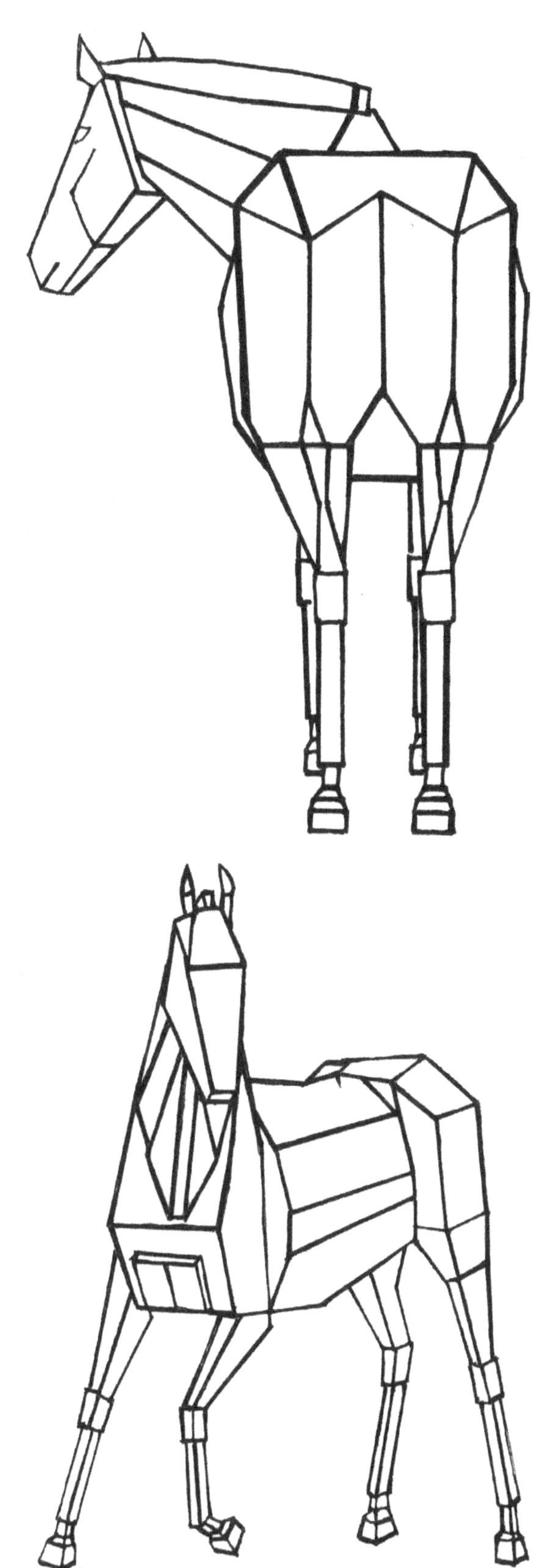

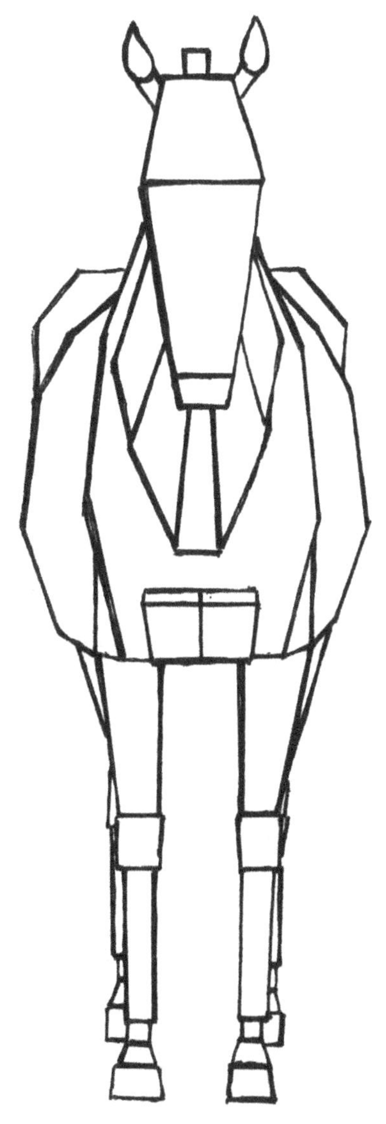

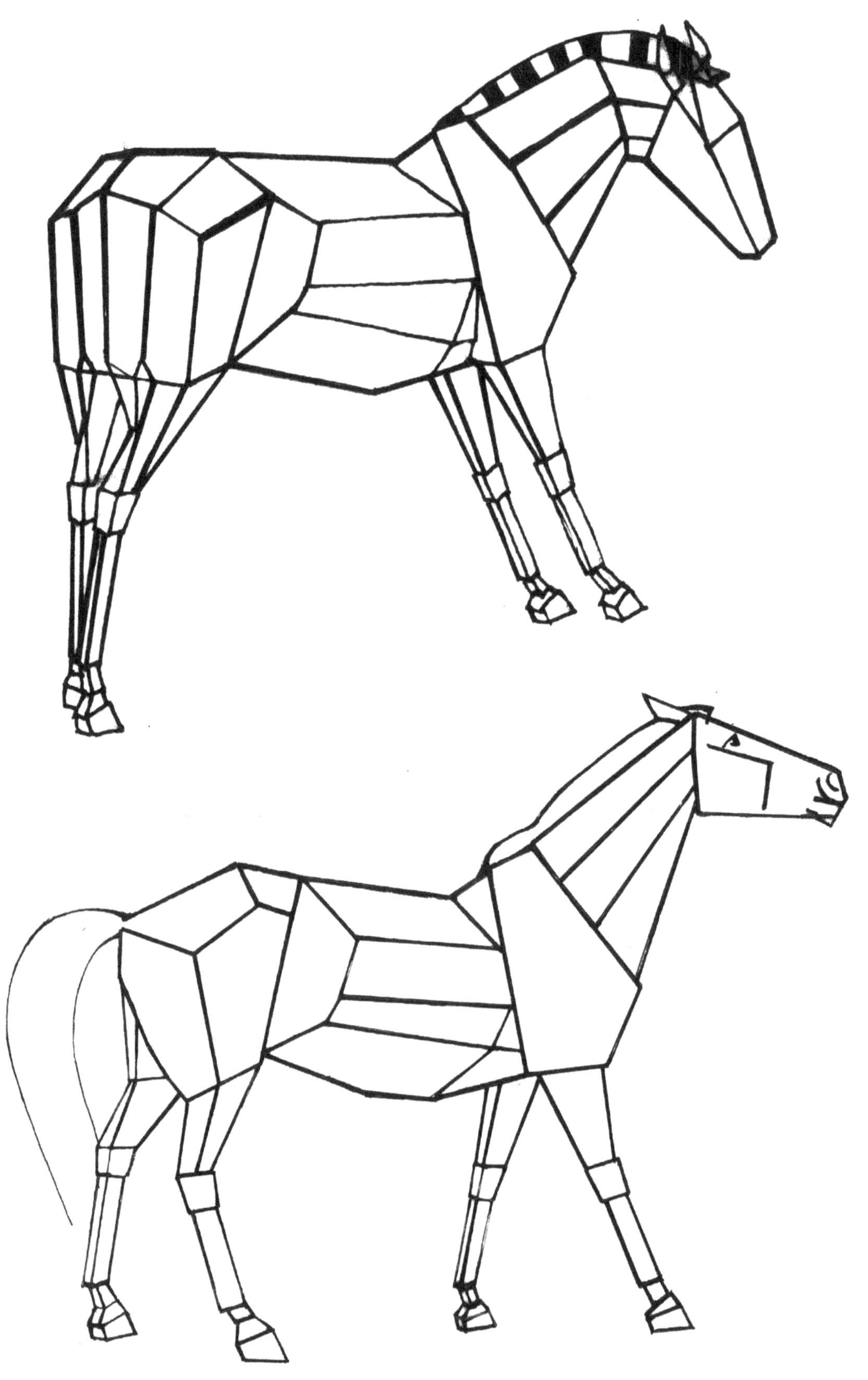

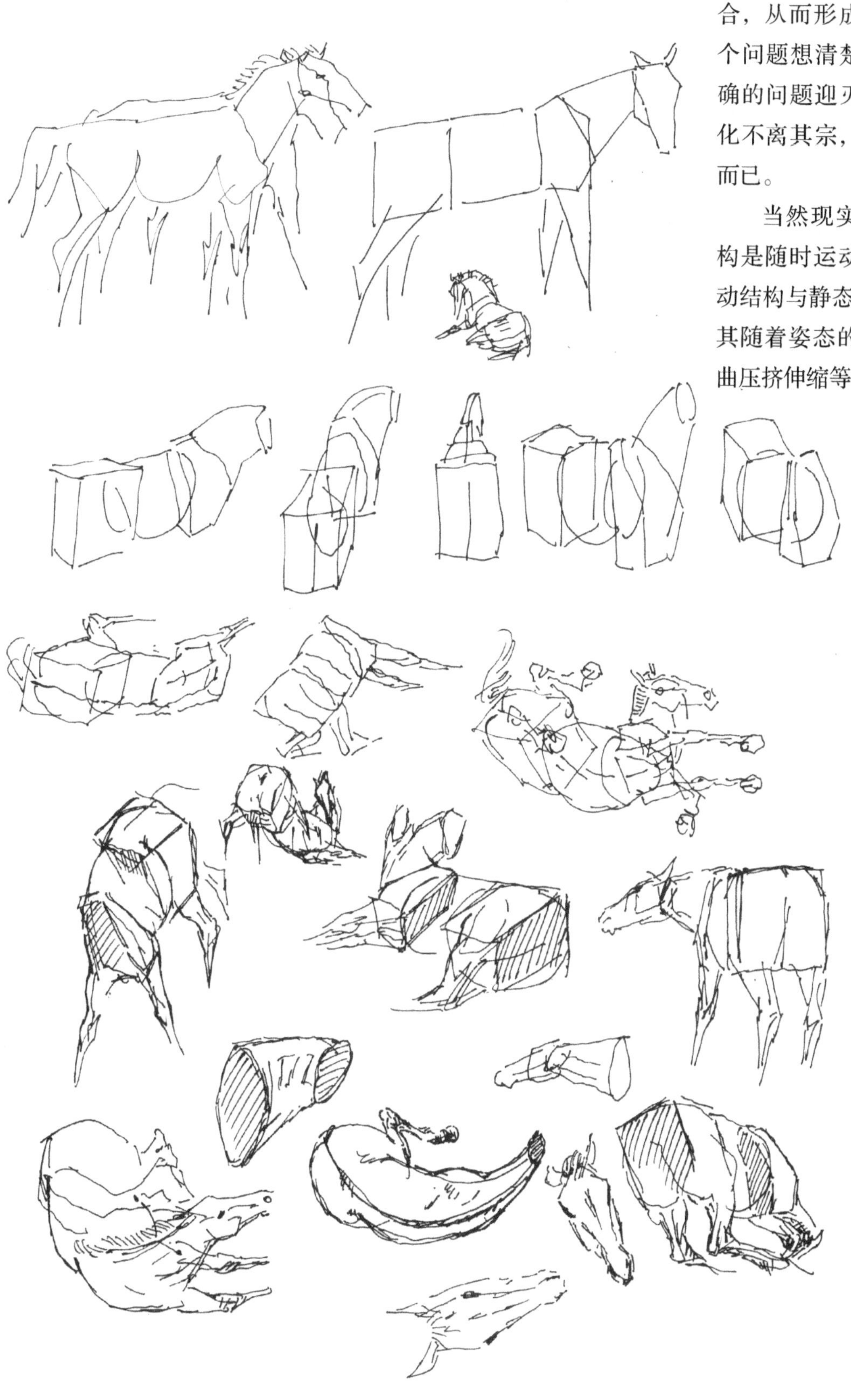

马体就是几何形体的组合，从而形成各种姿态。这个问题想清楚了，结构不准确的问题迎刃而解，千变万化不离其宗，无非结构组合而已。

当然现实生活中马的结构是随时运动的，因此其运动结构与静态结构是不同的，其随着姿态的变化而进行扭曲压挤伸缩等变化。

马体的体面关系。

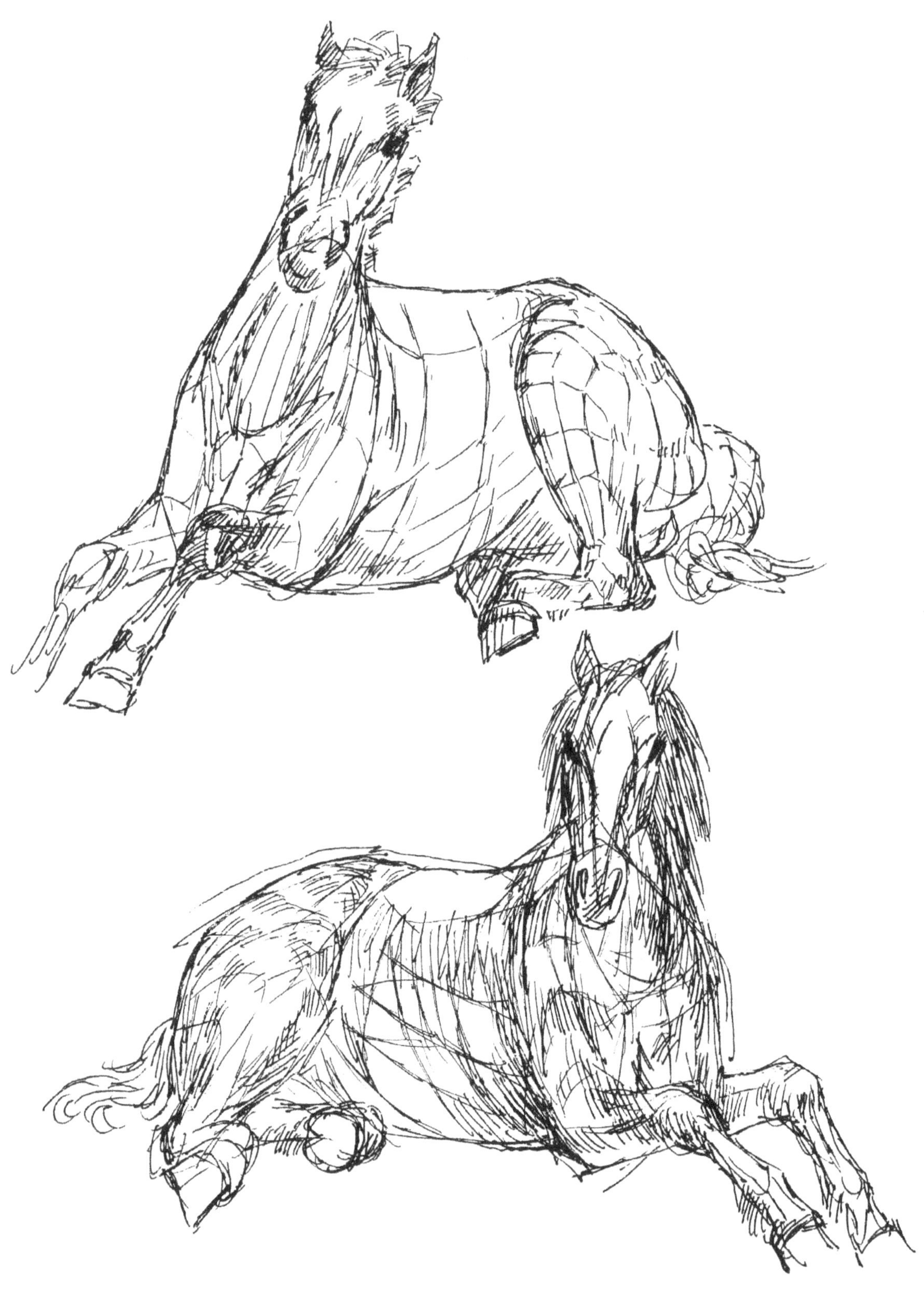

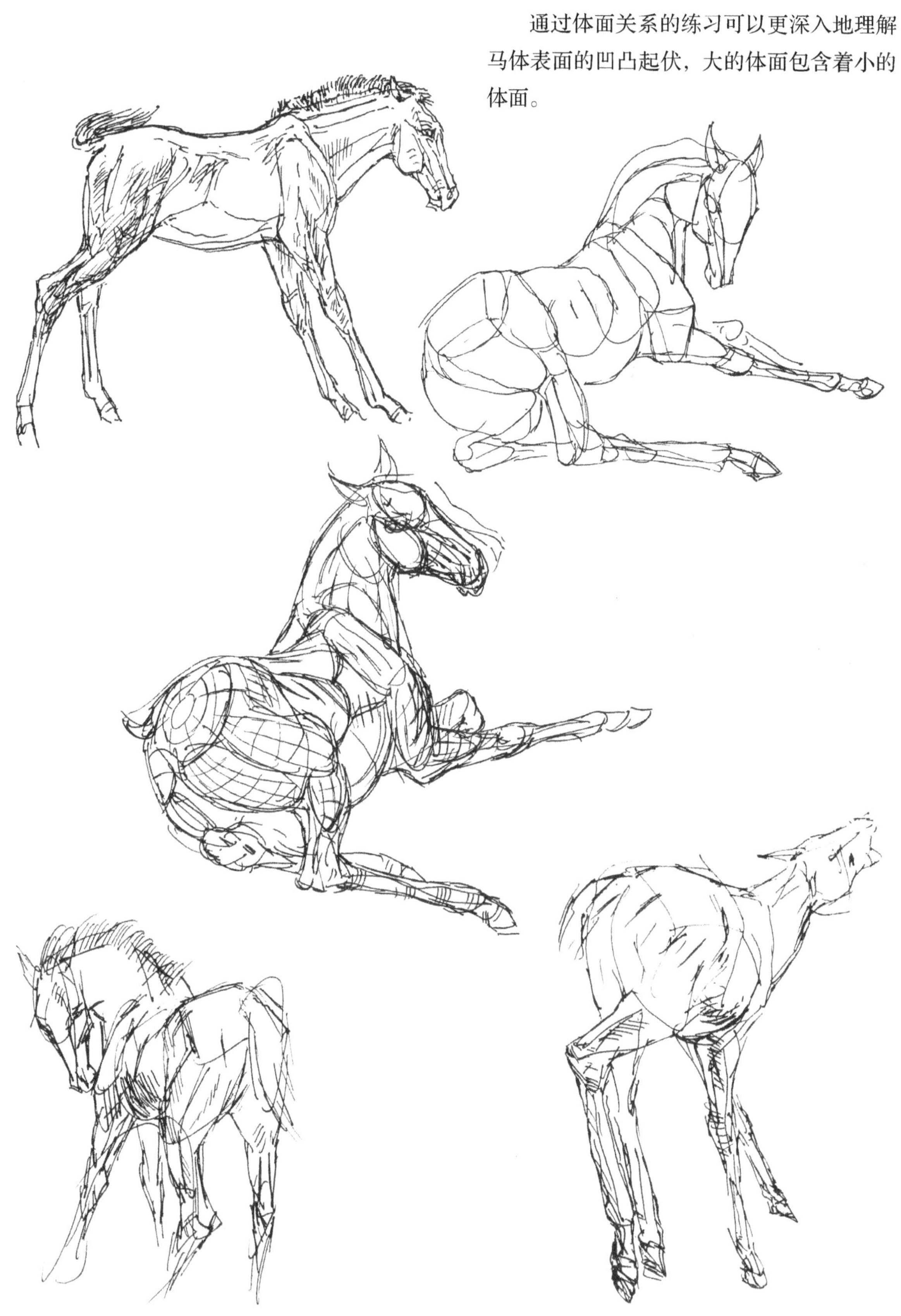

通过体面关系的练习可以更深入地理解
马体表面的凹凸起伏，大的体面包含着小的
体面。

马体的大结构含着小结构。

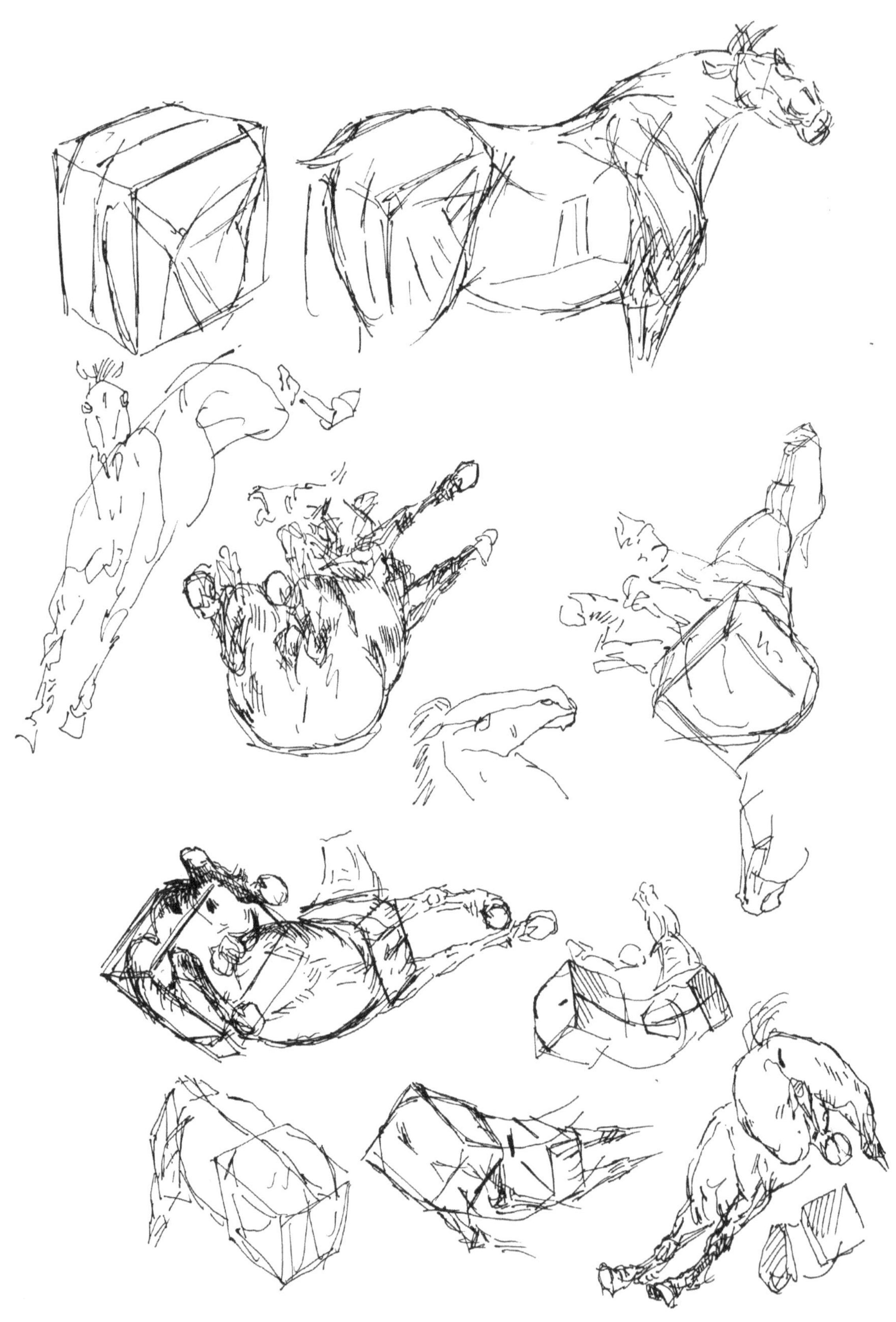

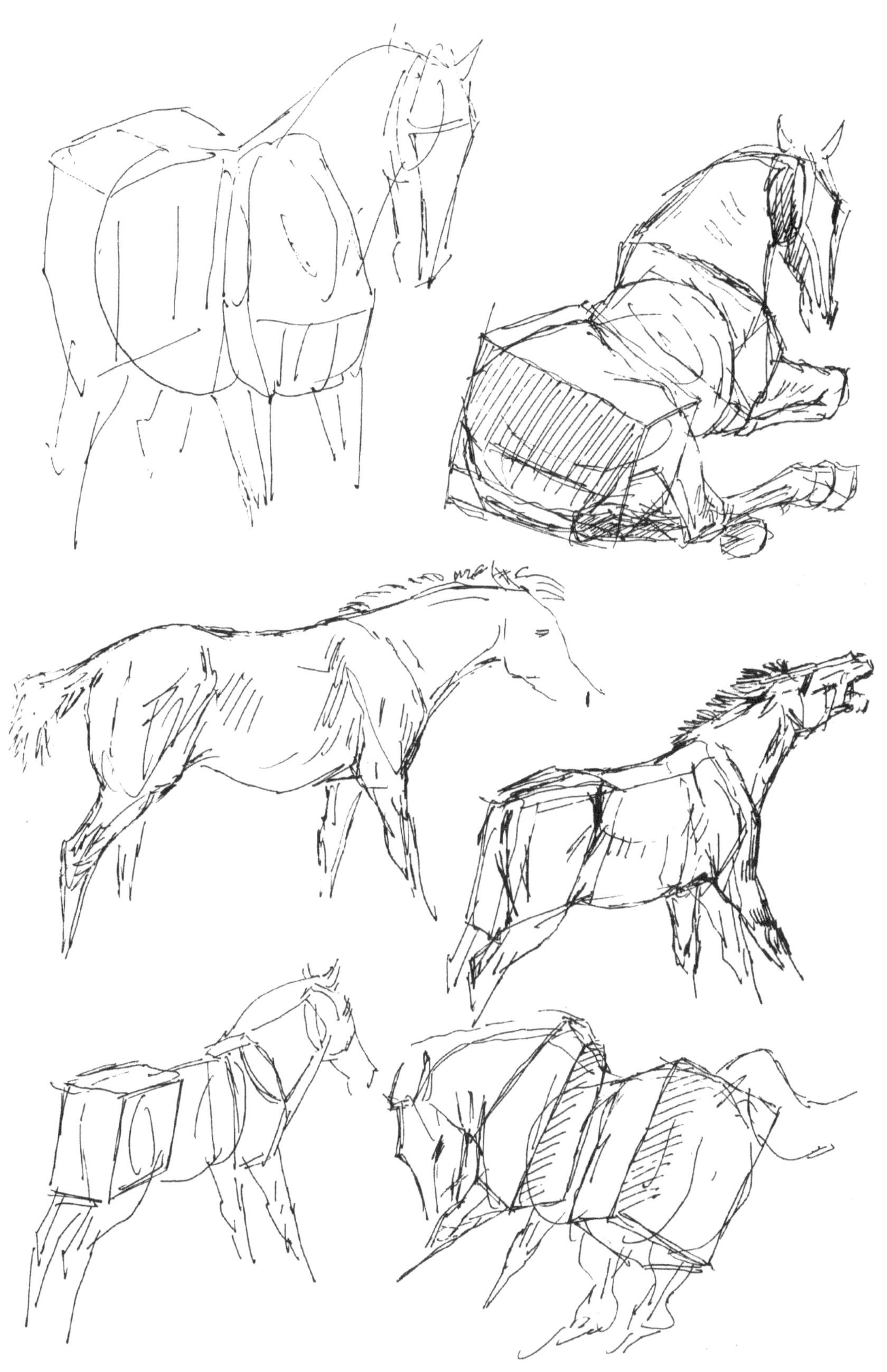

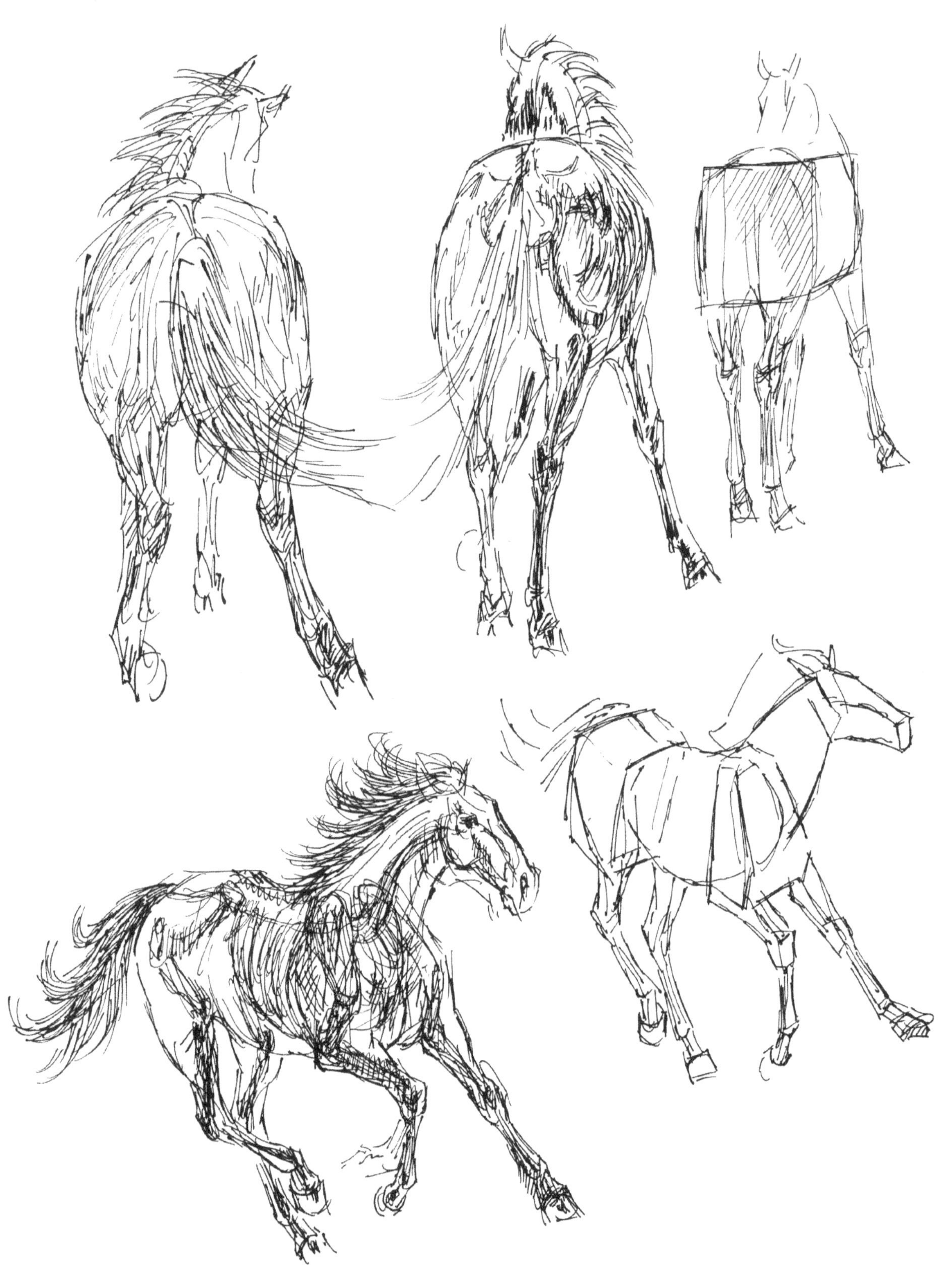

写生时，注意马体结构的推演练习。

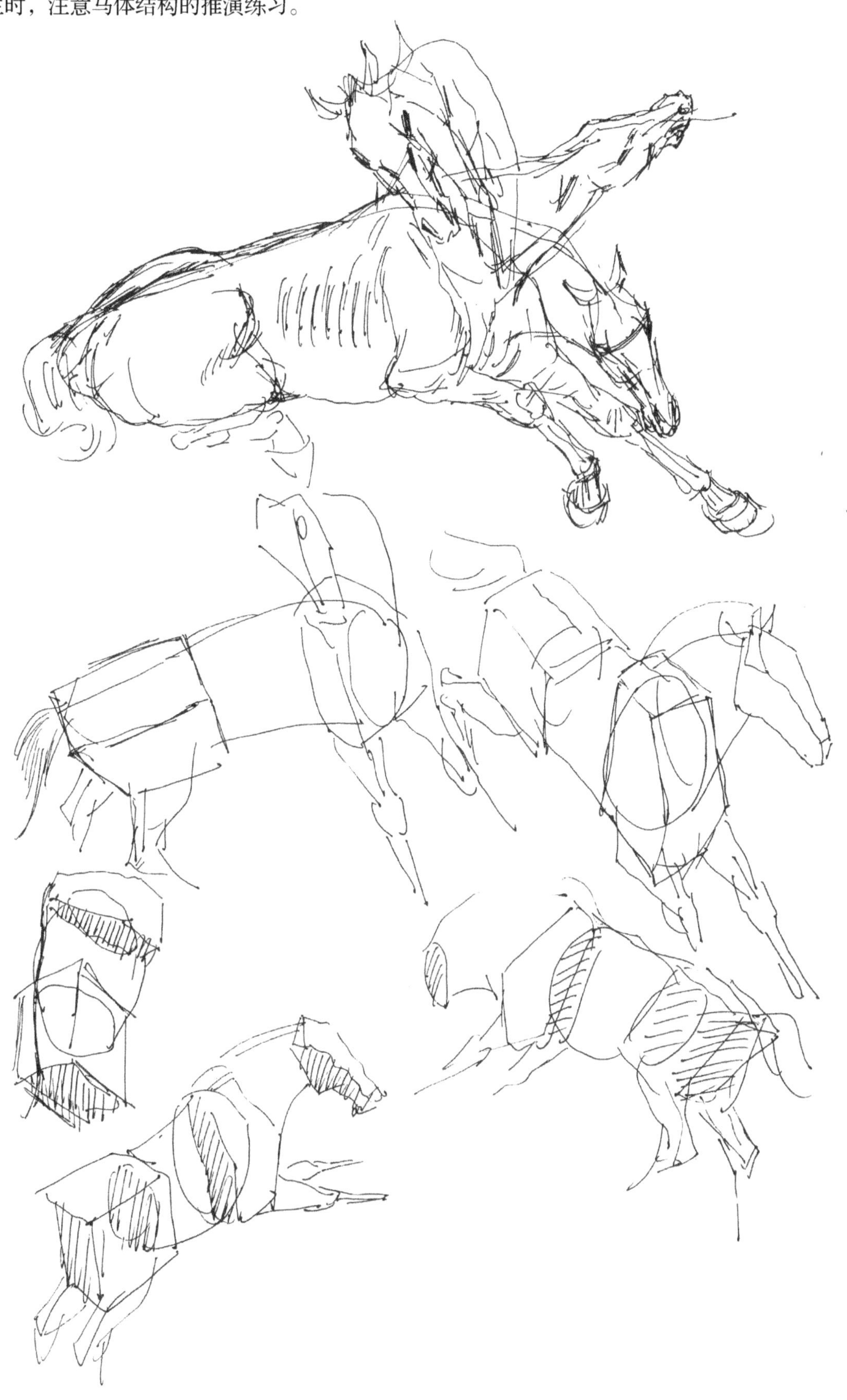

六、马的运动规律

了解马的运动规律，对于更好地刻画马是必不可少的。

（一）奔跑

通常每完成一个步骤周期可听到三个蹄音，运步顺序为：

在一整步悬空期后，先以一个后肢着地（第一个蹄音），其次是第二后肢与对角前肢同时着地（第二蹄音），最后另一前肢着地（第三蹄音），如此周而复始，不断前进。

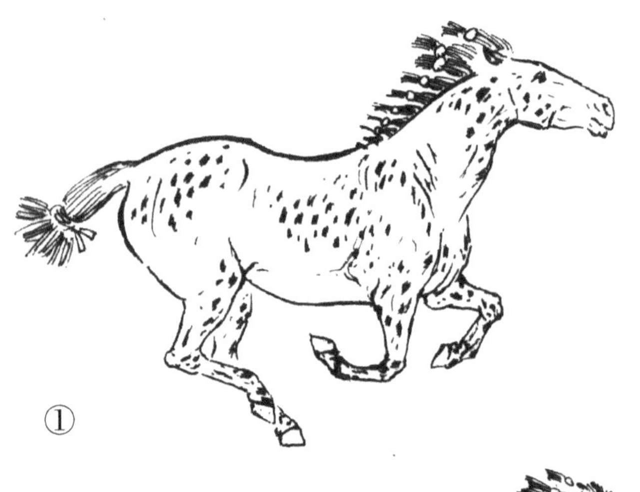

①

②

③

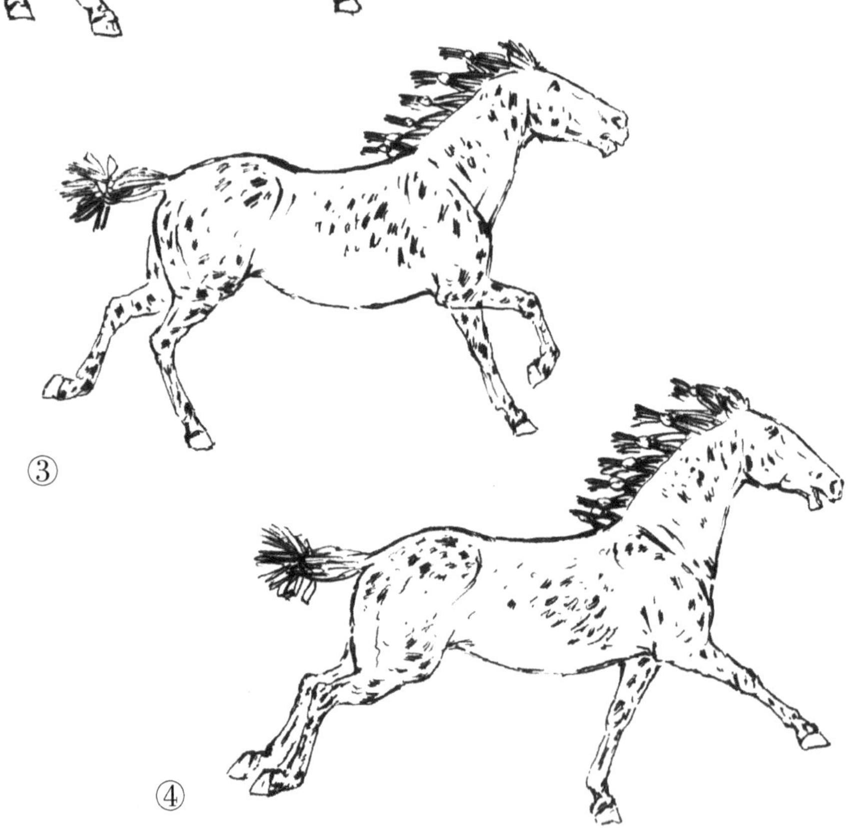

④

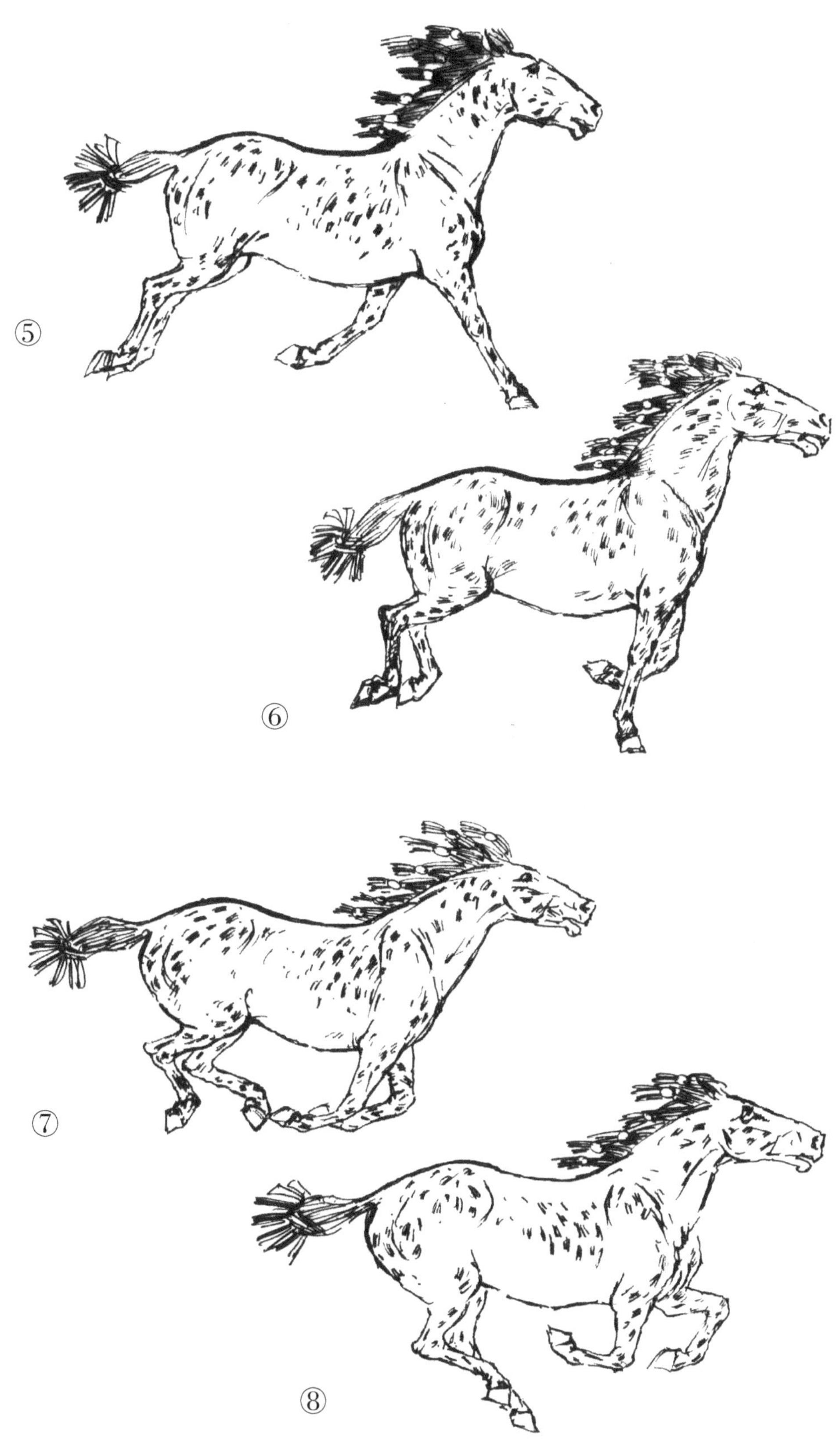

⑤
⑥
⑦
⑧

（二）快步

　　对角的前后肢同时离地或着地，相互交替的步法，如右前肢与左后肢同时离地时，左前肢与右后肢同时着地。

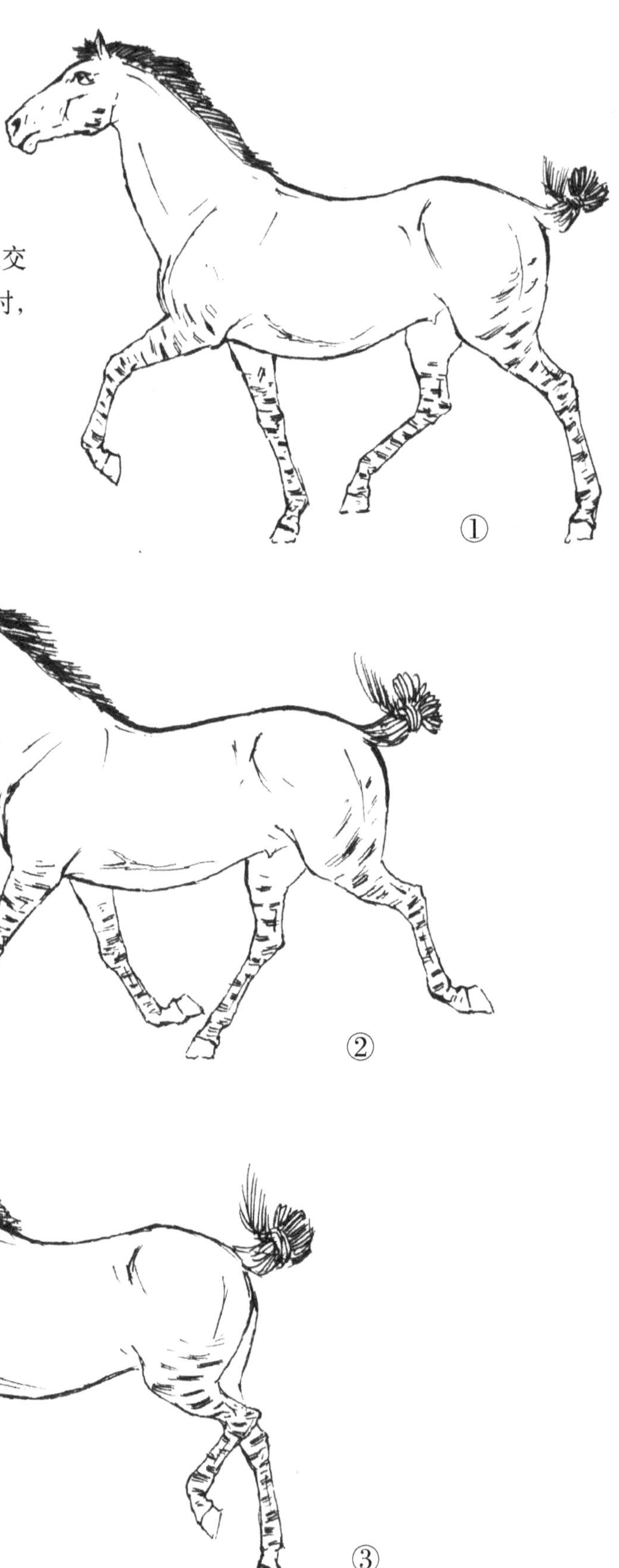

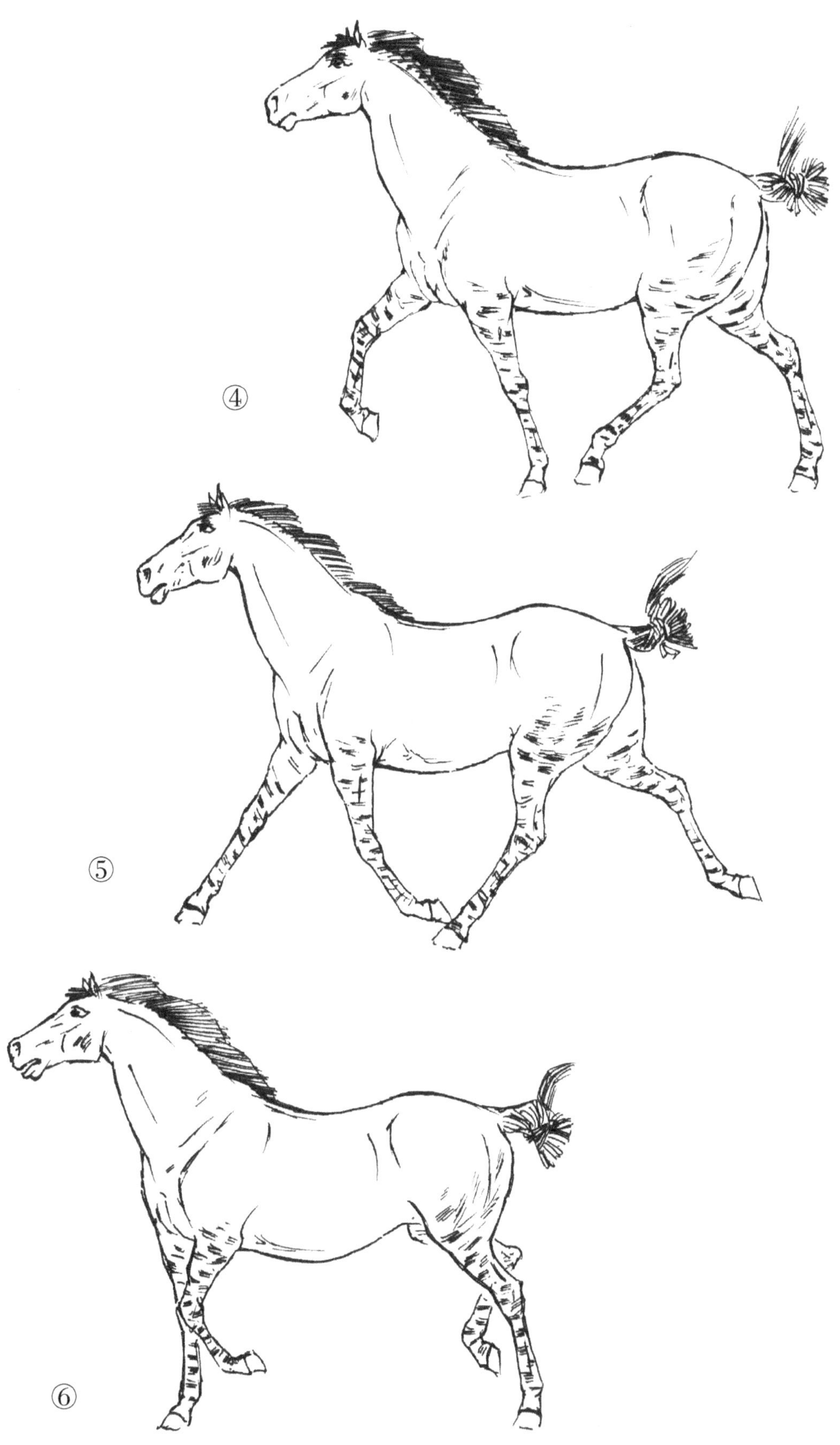

④
⑤
⑥

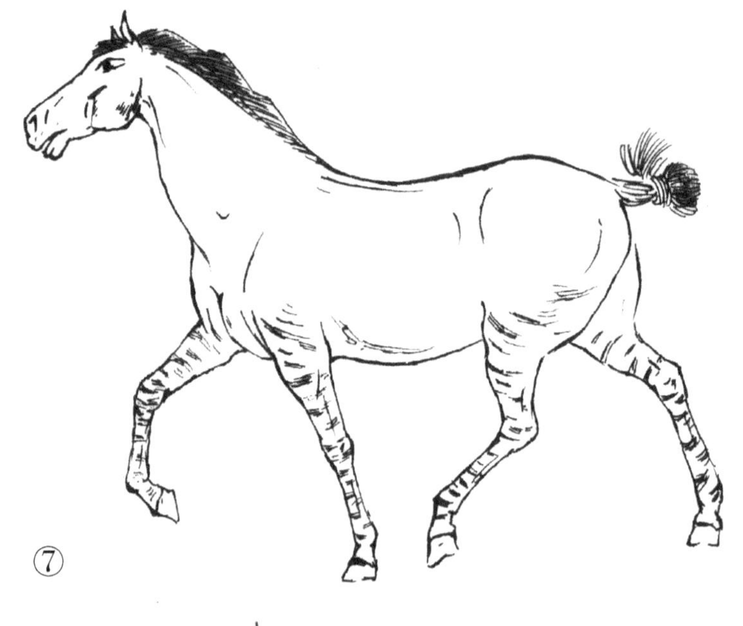

⑦

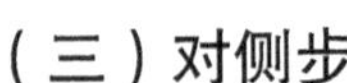

（三）对侧步

　　这种步式是同侧前后肢几乎同时起落。这种步式有的是先天的，有的后天调教的。该步式摆动大、颠簸小，不易疲劳。

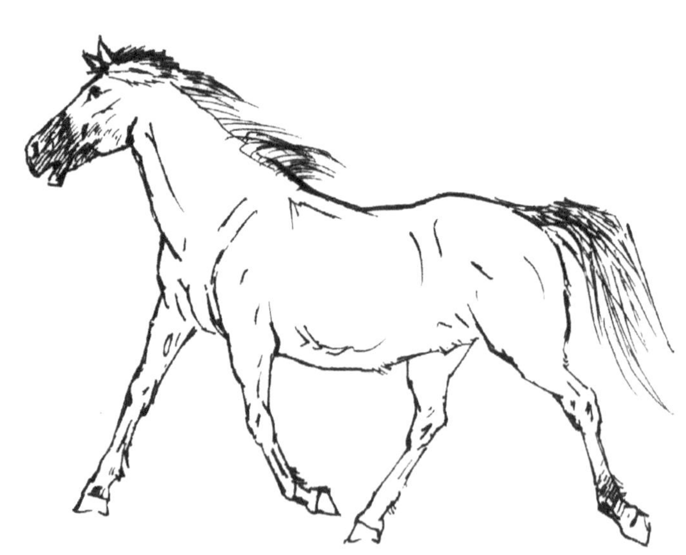

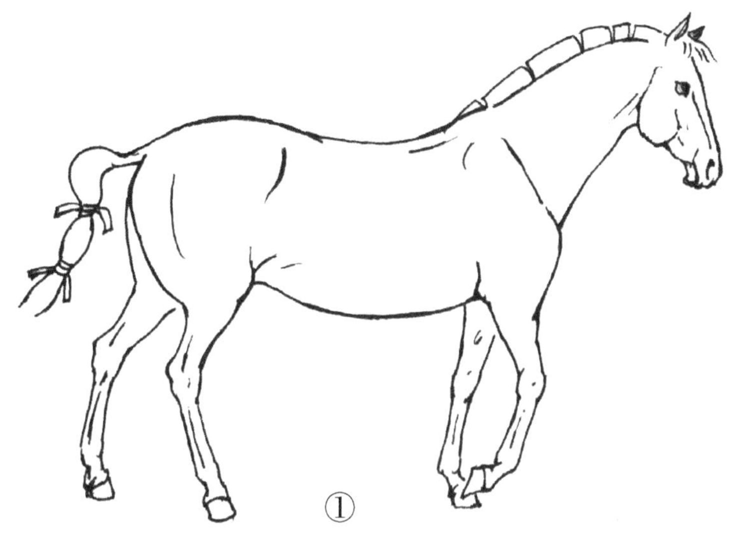

①

（四）慢步

一个步式周期可听到四个蹄音，其顺序是：左前、右后、右前、左后，或右前、左后、左前、右后。

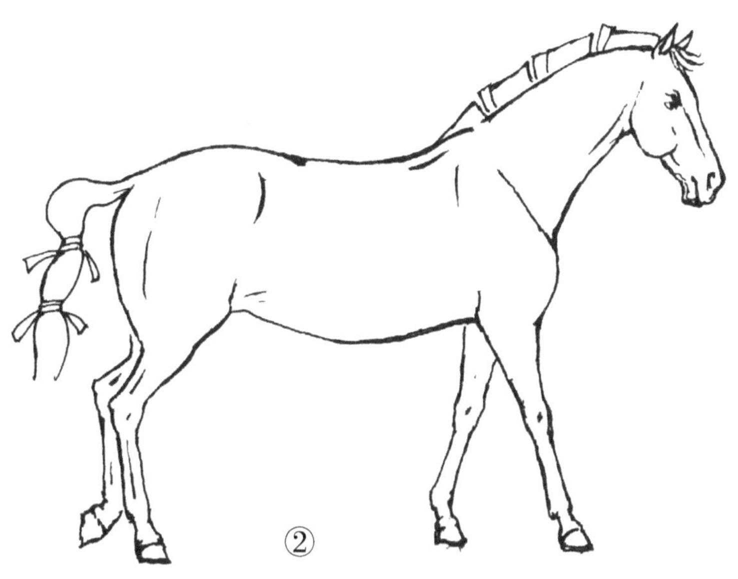

②

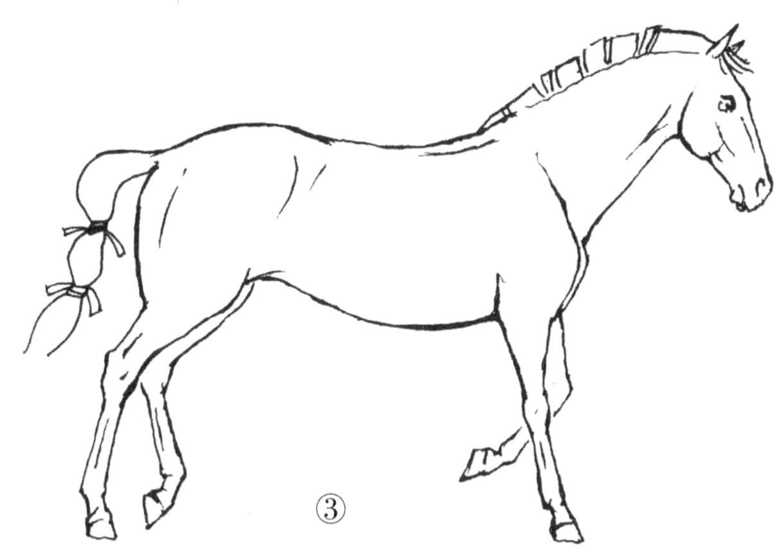

③

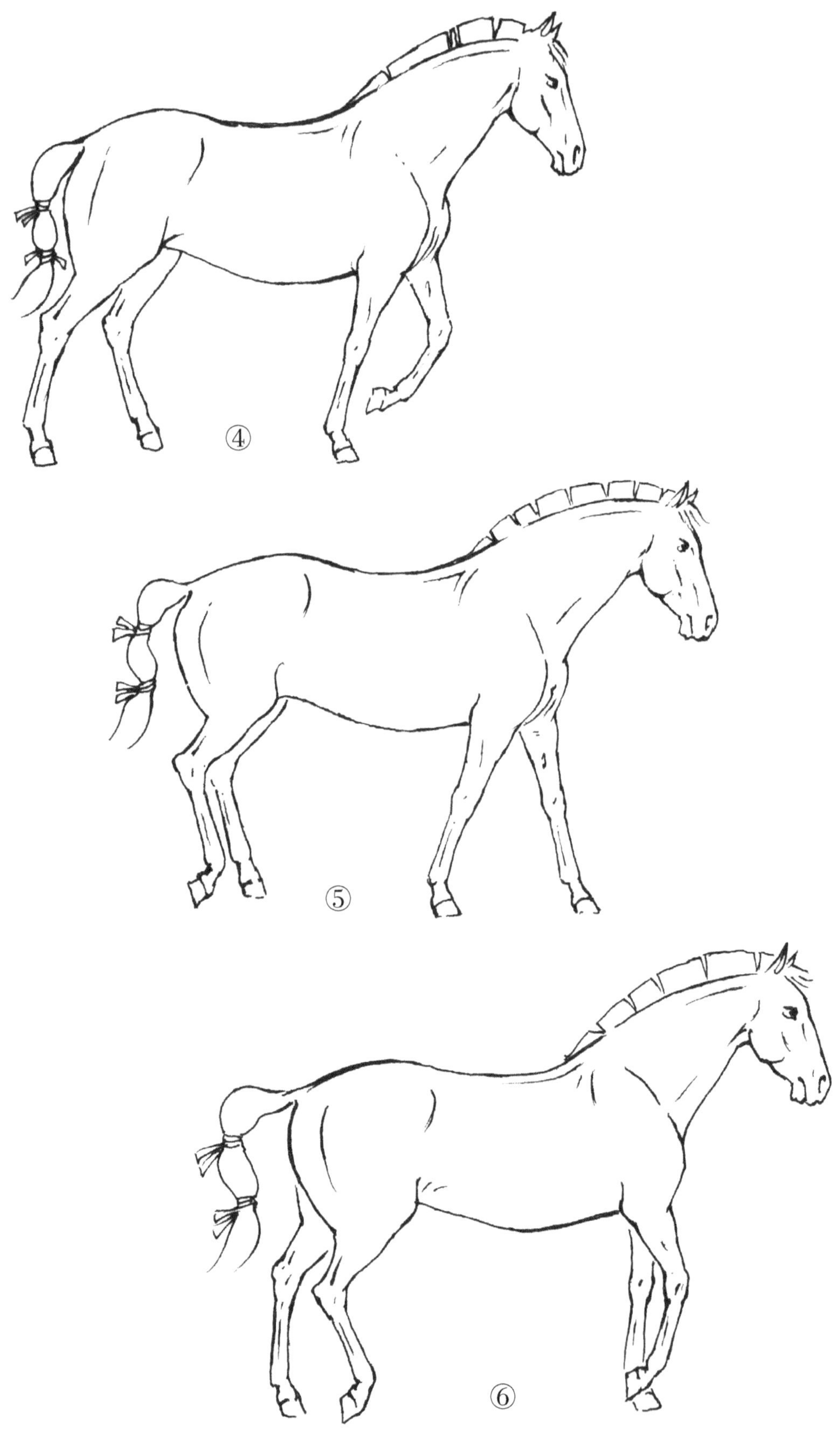

④
⑤
⑥

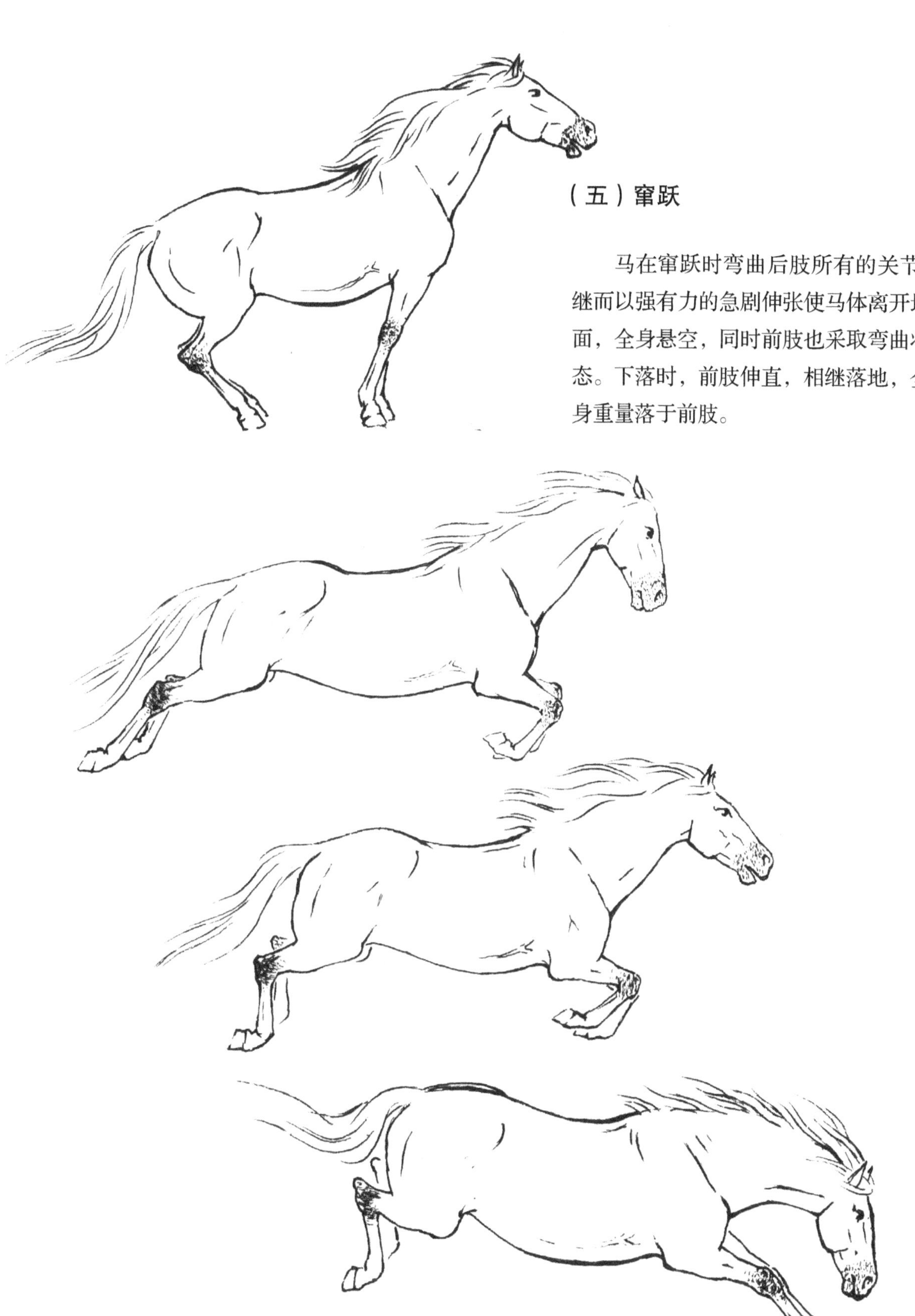

马在窜跃时弯曲后肢所有的关节，继而以强有力的急剧伸张使马体离开地面，全身悬空，同时前肢也采取弯曲状态。下落时，前肢伸直，相继落地，全身重量落于前肢。

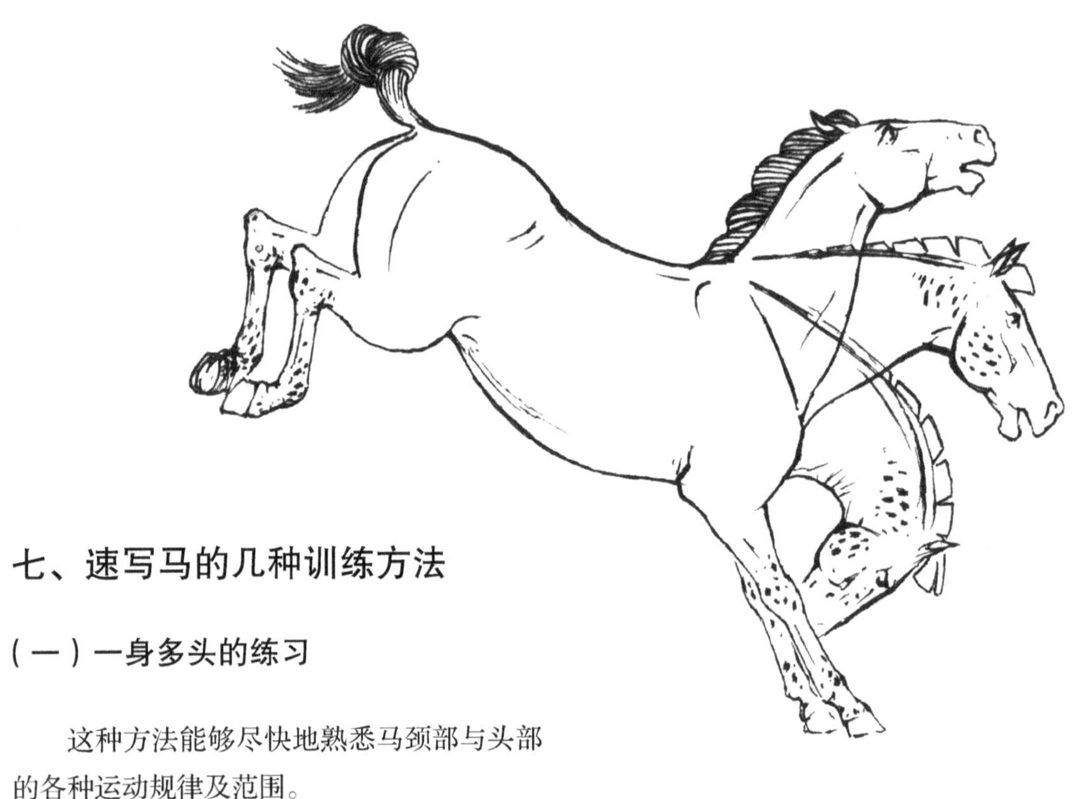

七、速写马的几种训练方法

（一）一身多头的练习

　　这种方法能够尽快地熟悉马颈部与头部
的各种运动规律及范围。

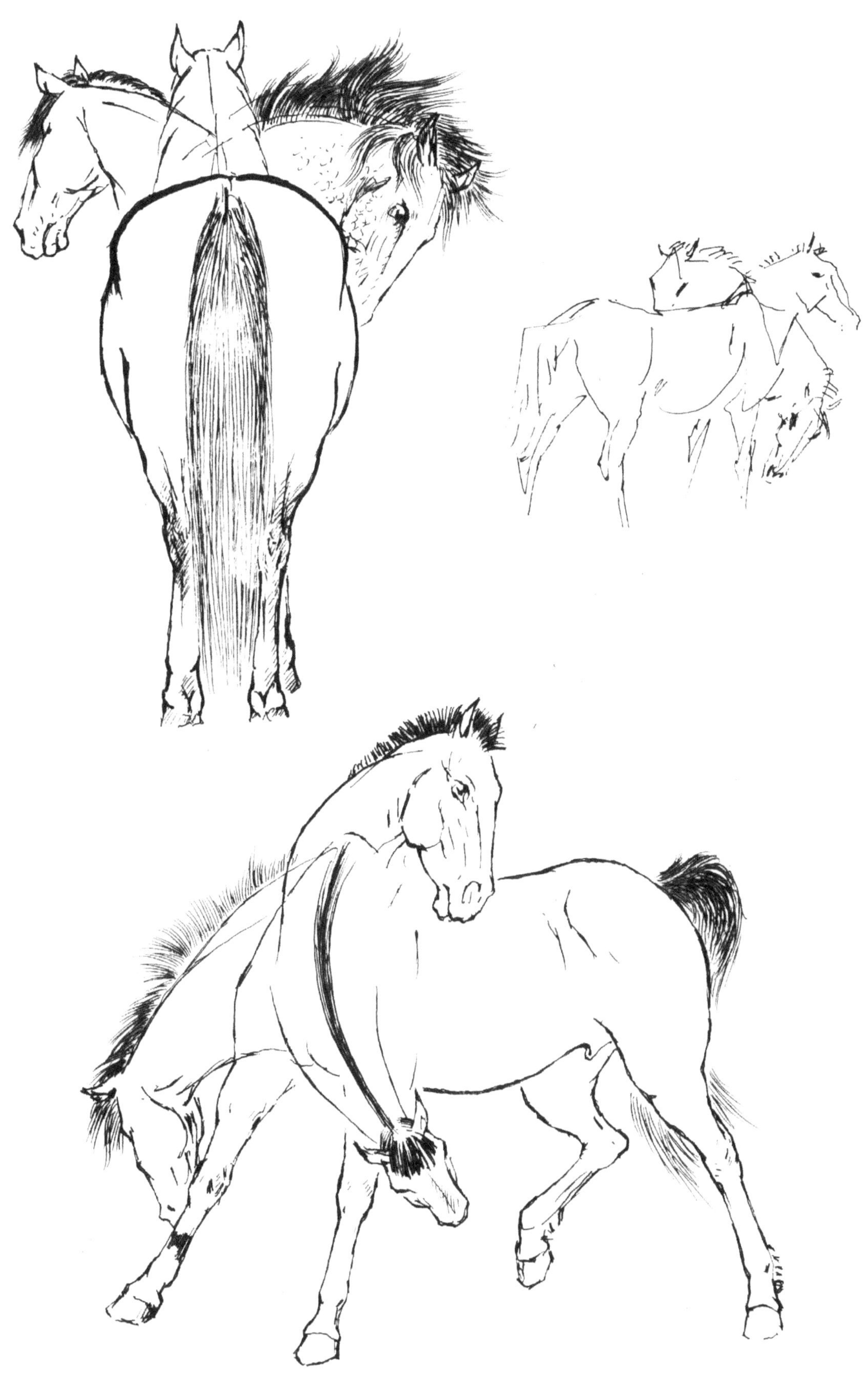

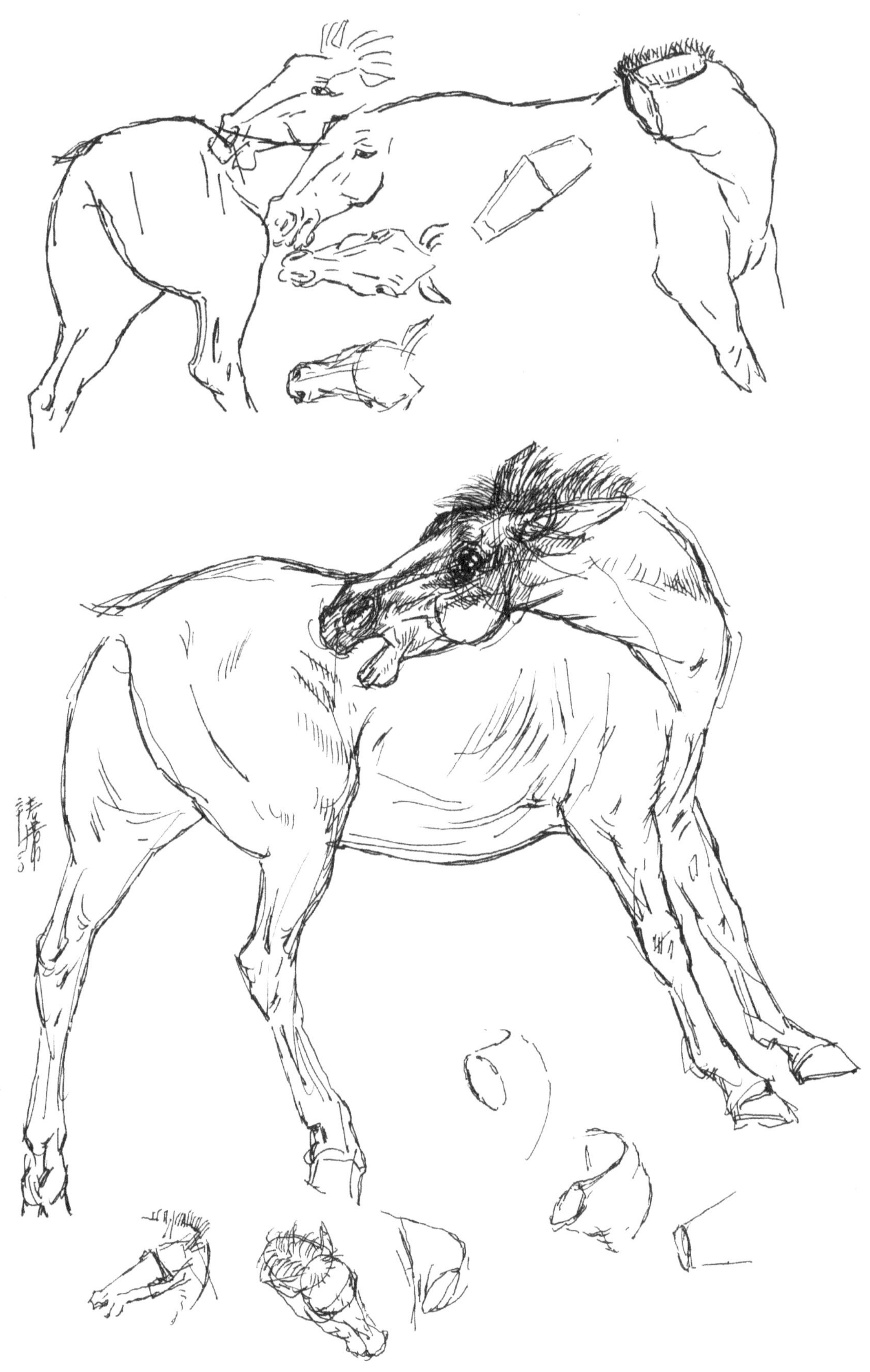

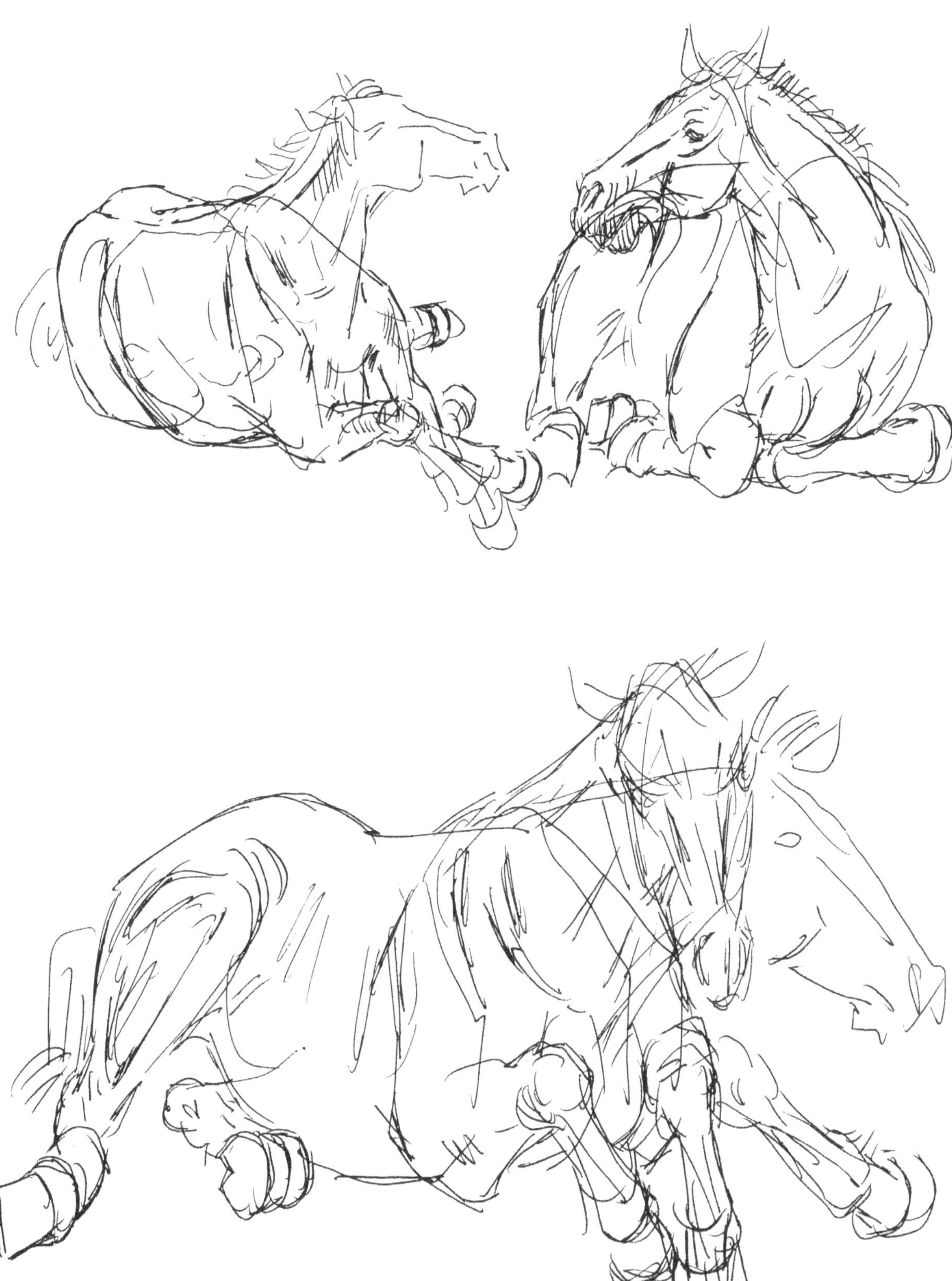

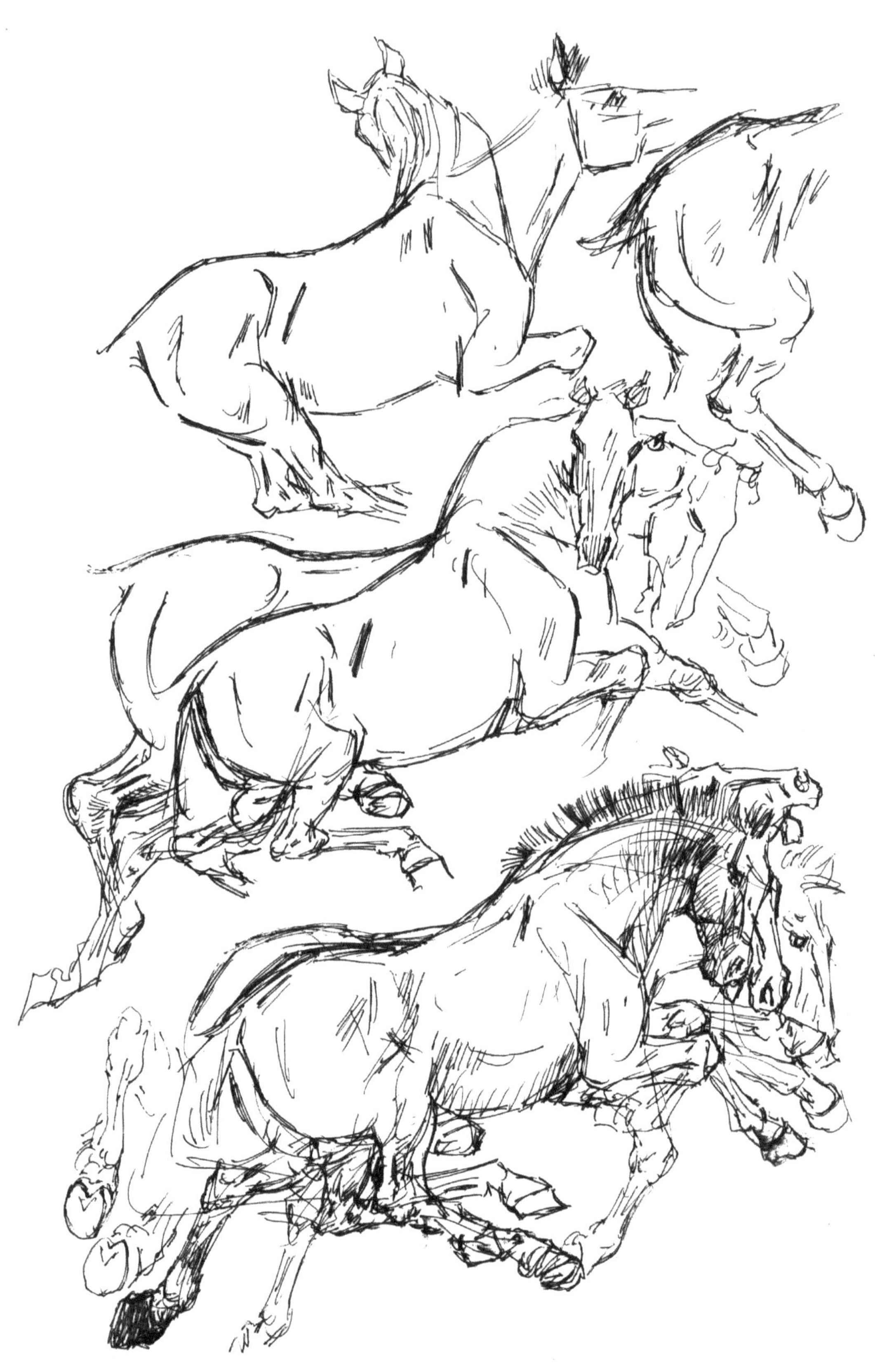

　　马姿态相似时，我们要从相同的角度中寻求不
同。比如，下图的两匹马调整了头部的角度，而角
度调整了就产生了千变万化。

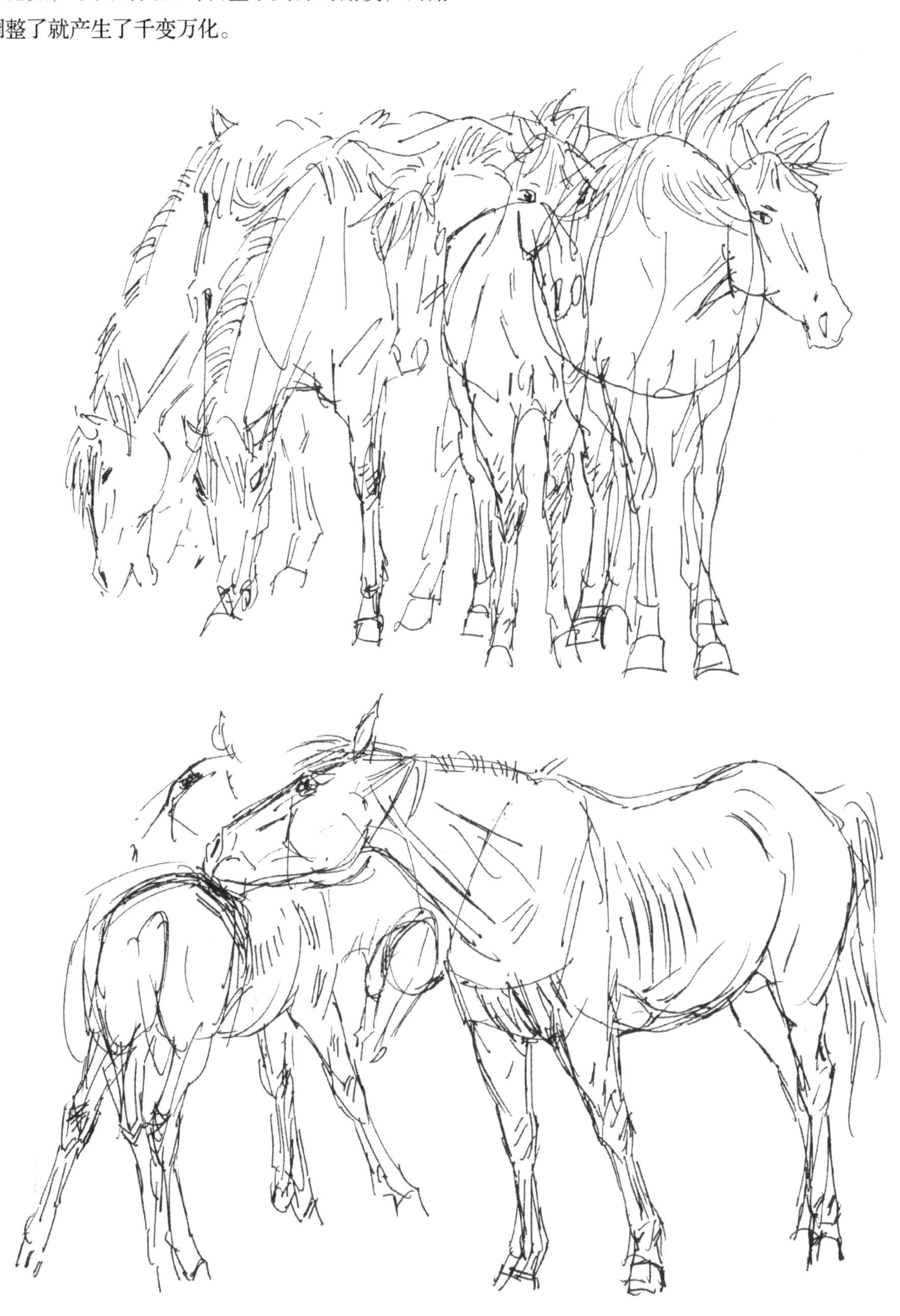

（二）一头多身的练习

　　这种速写练习对于掌握马的头颈与躯体的关系很有帮助。

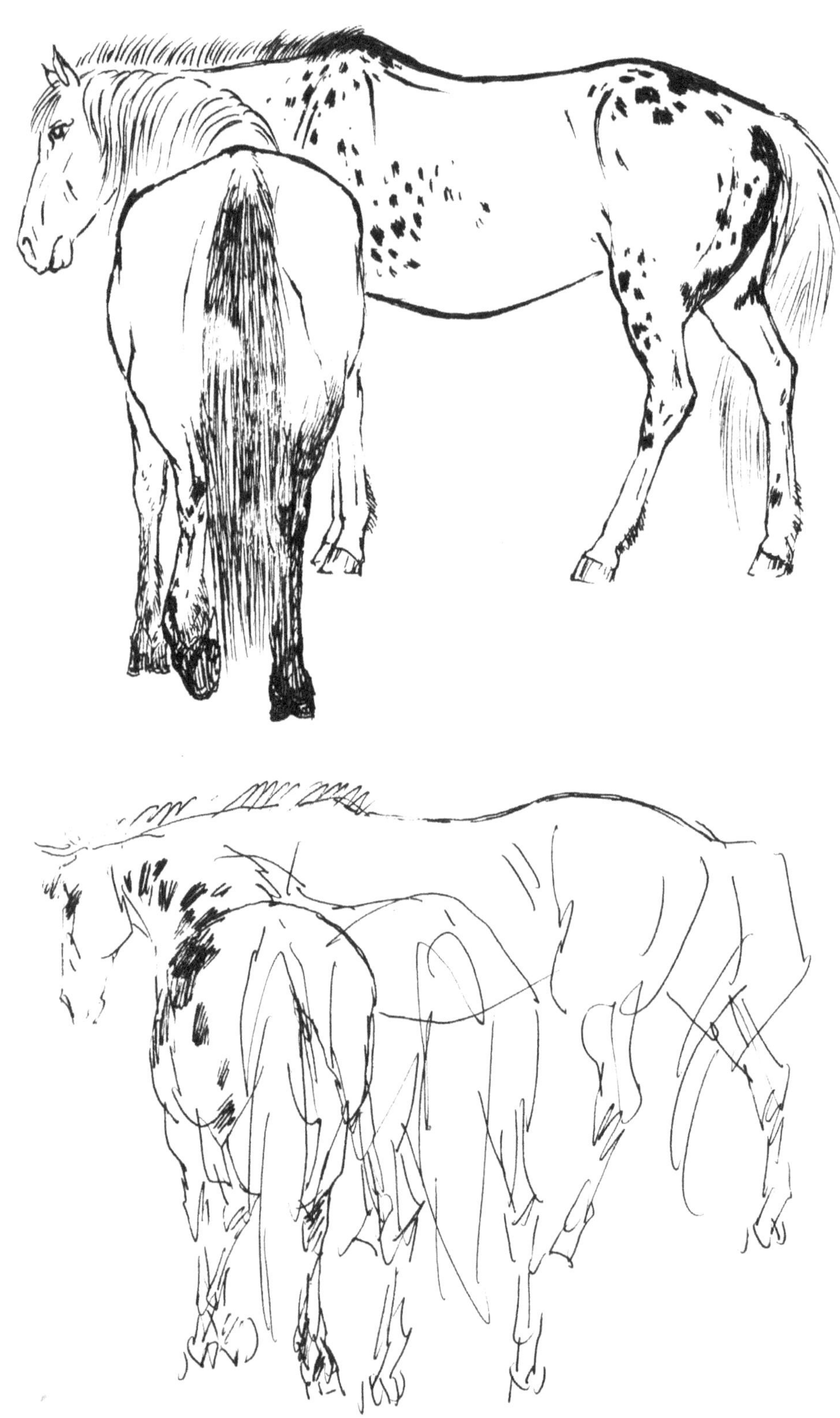

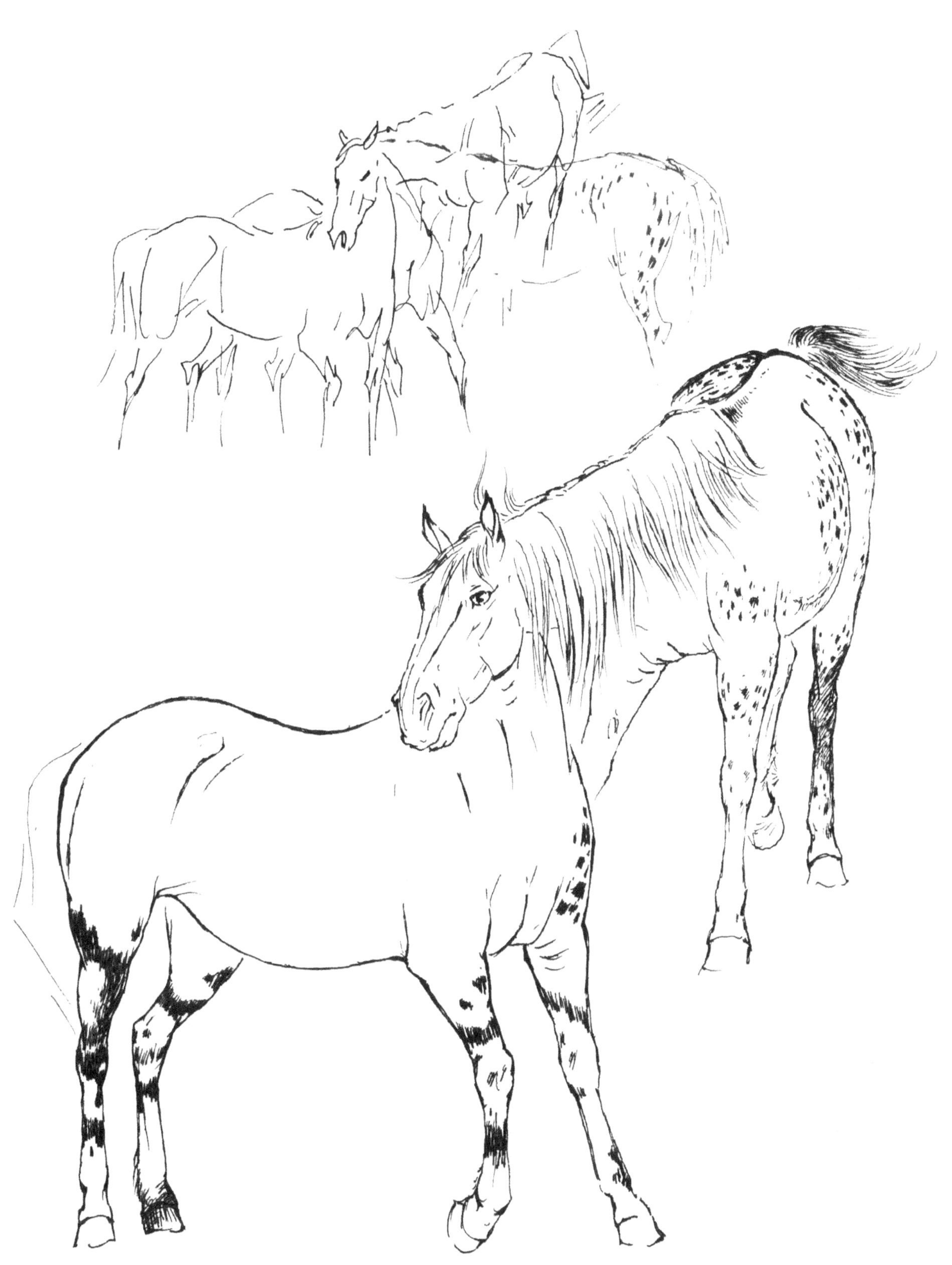

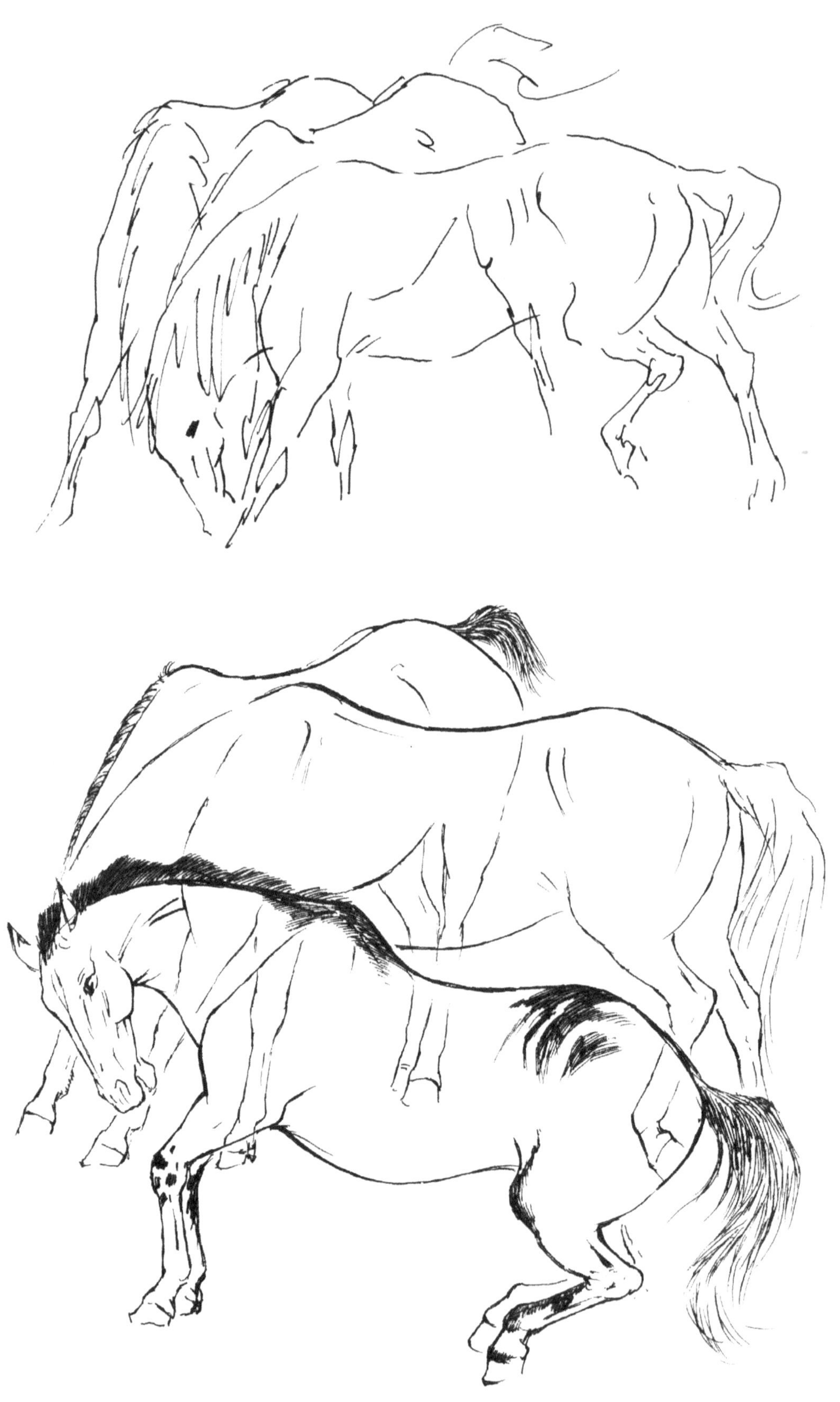

连续动作是马体强化理解和把握的有效训练。

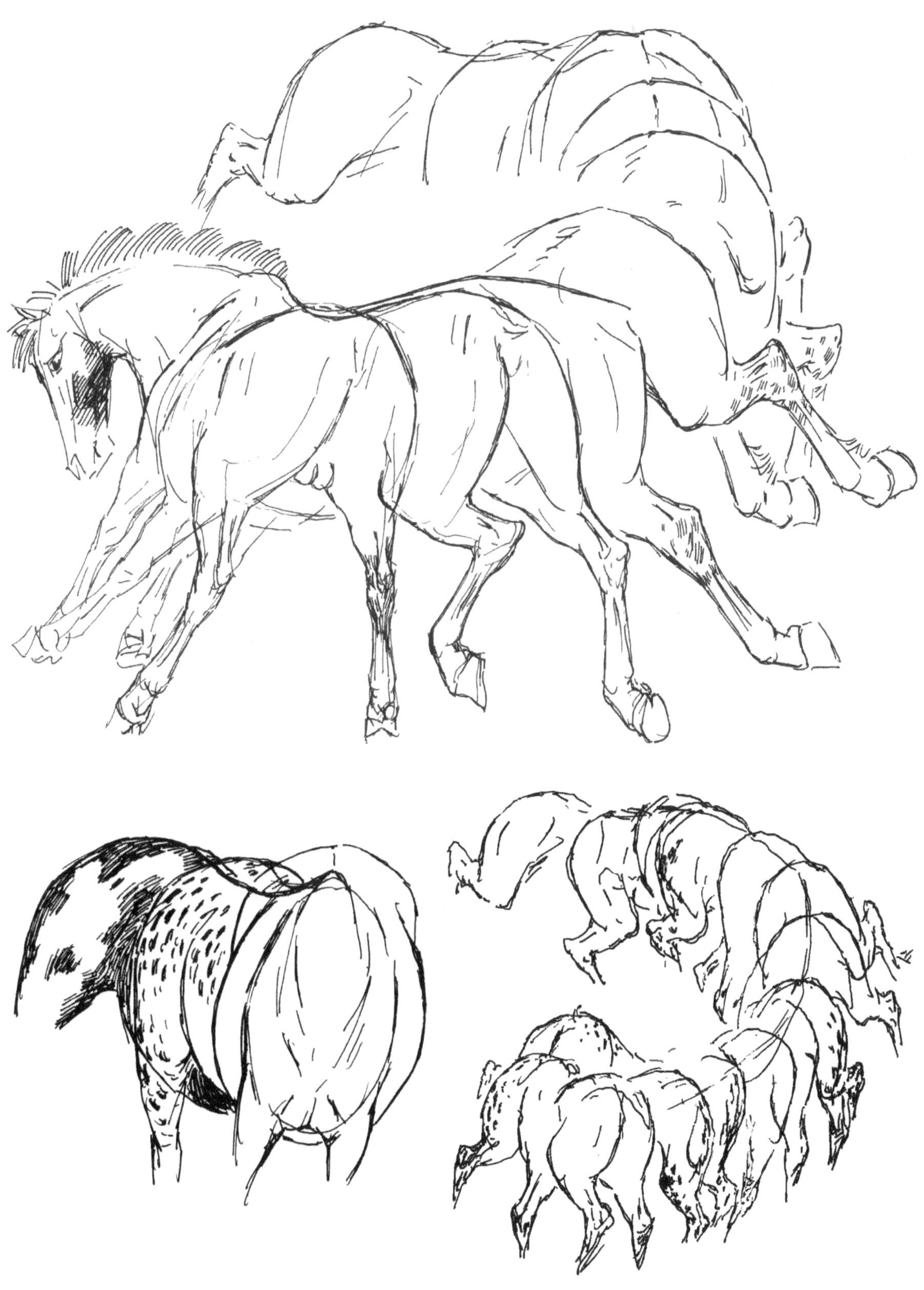

连续动作练习范图

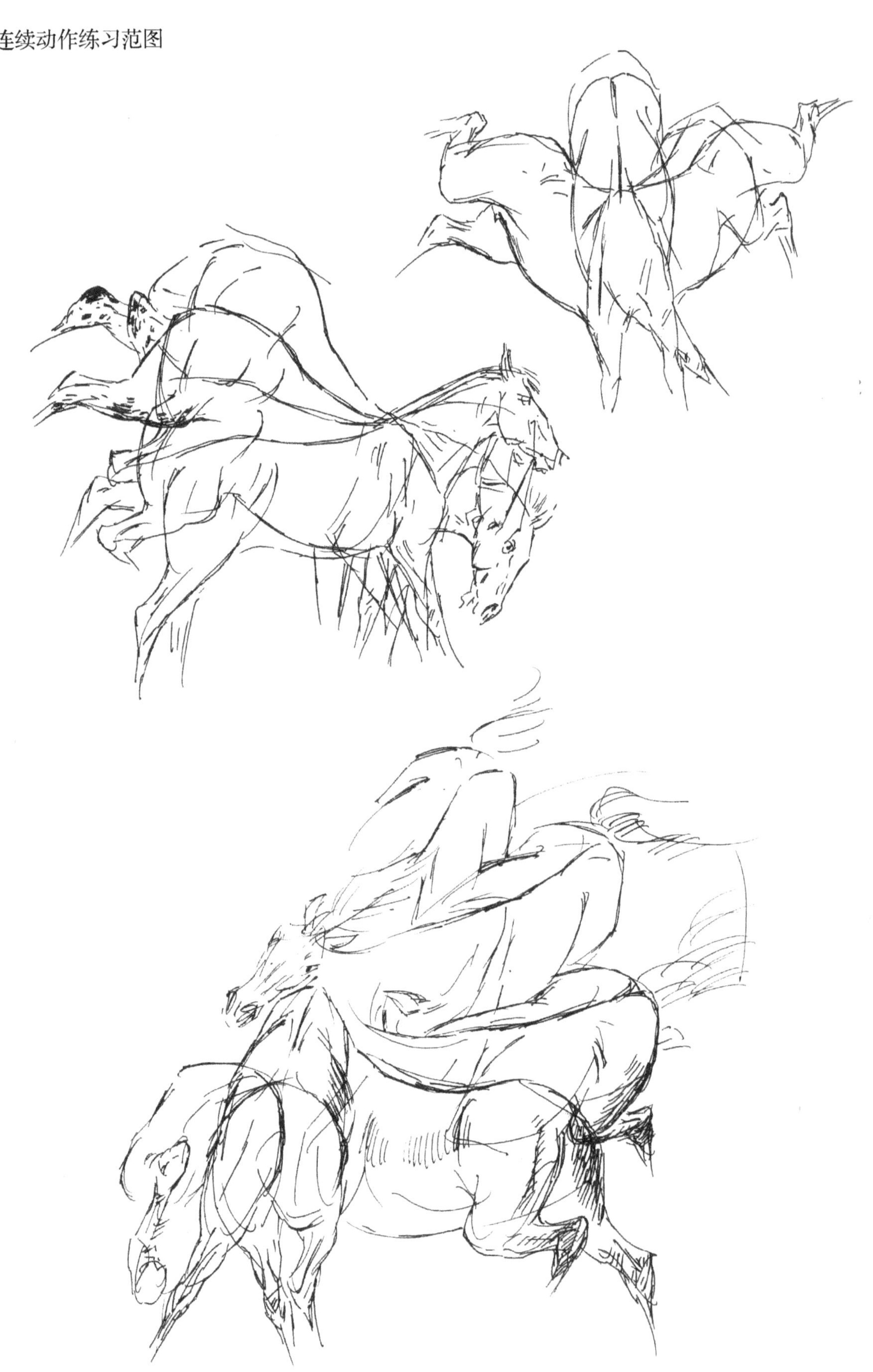

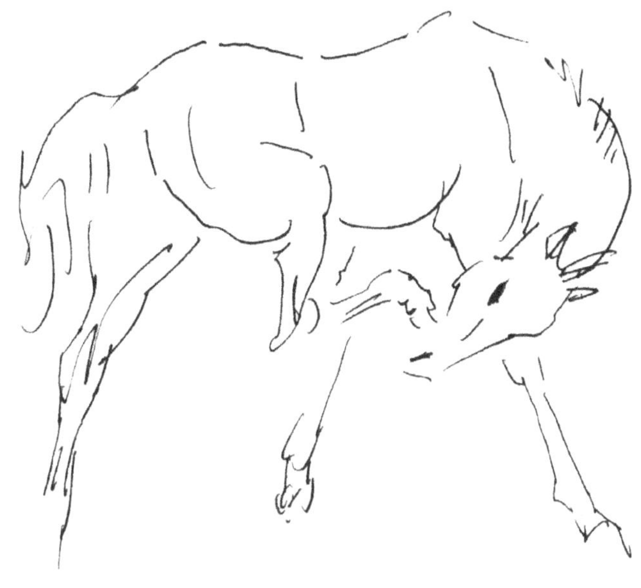

（三）同一姿态不同角度的练习

　　这种方法对初学者全面了解马体在不同角度下的结构变化很有帮助。

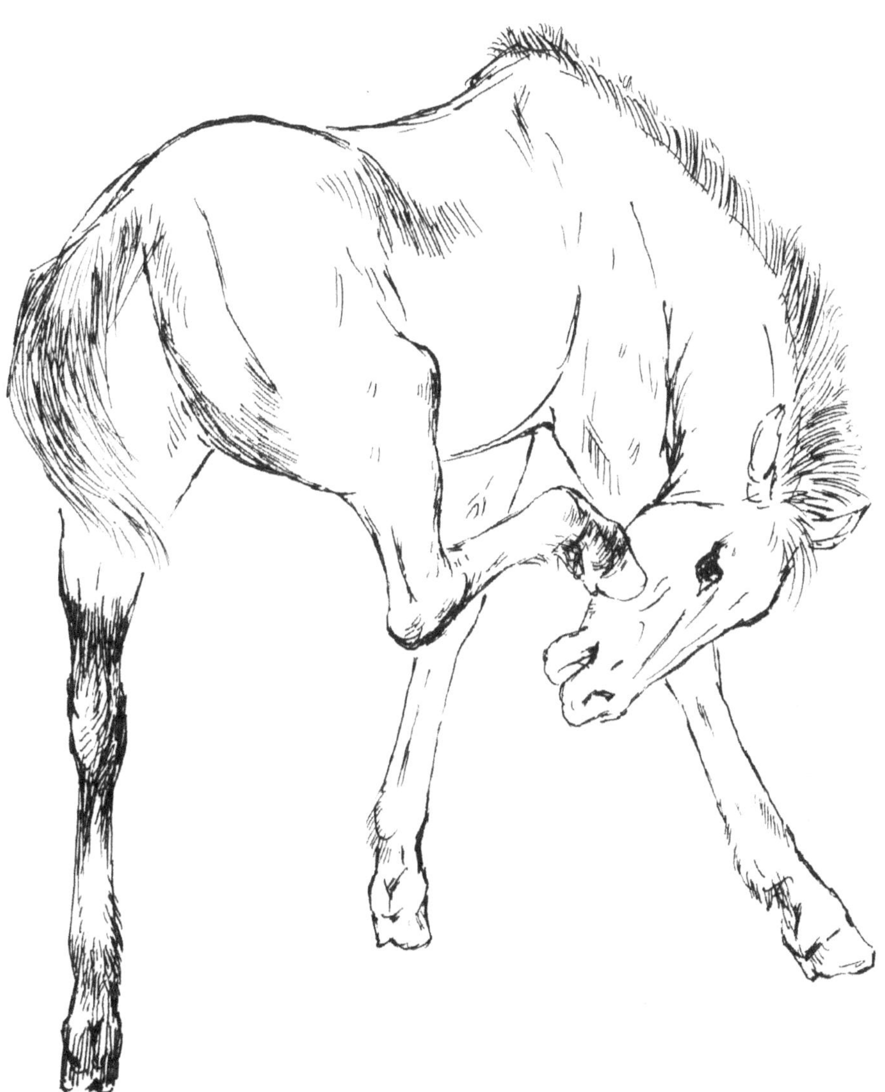

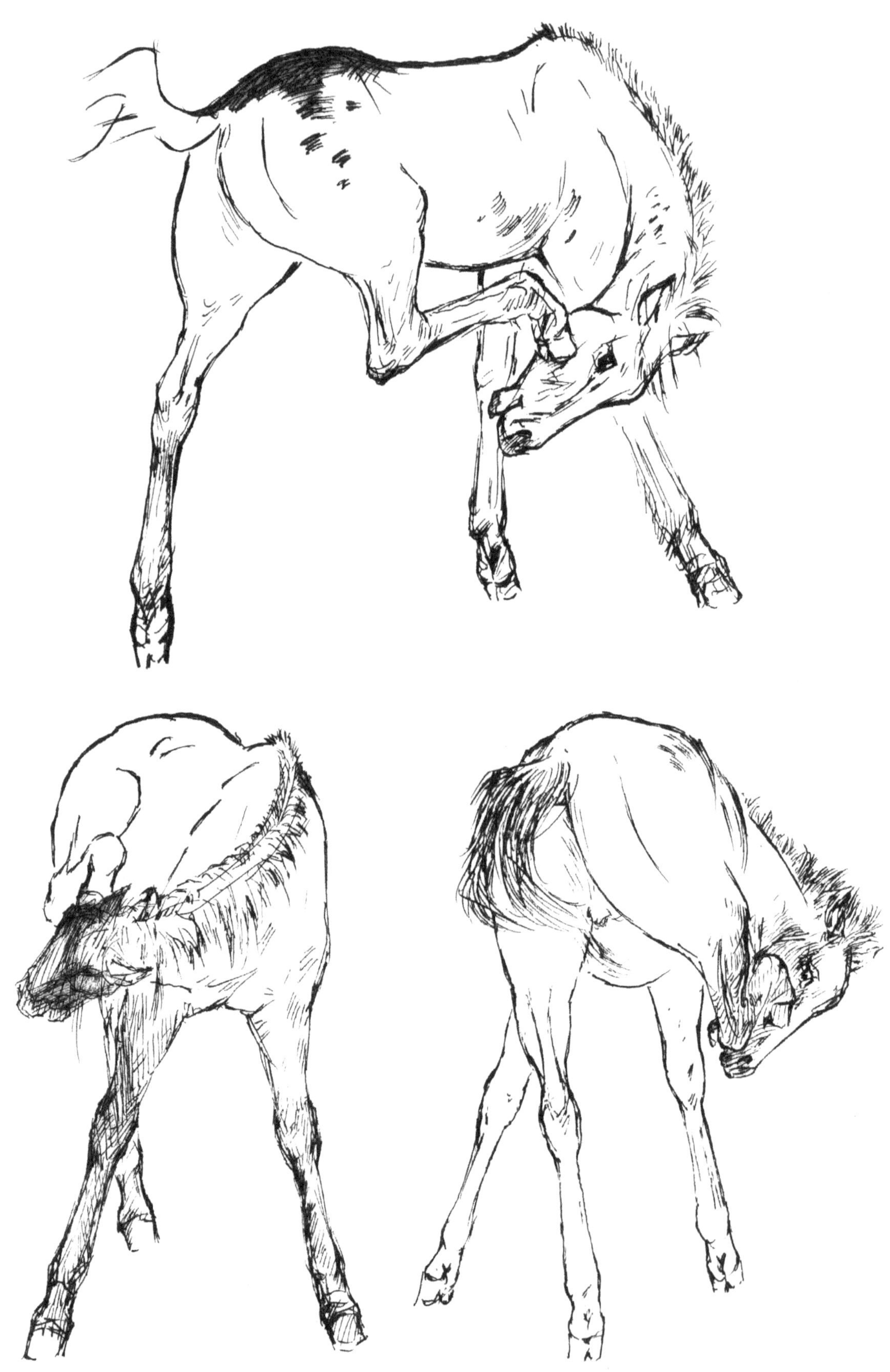

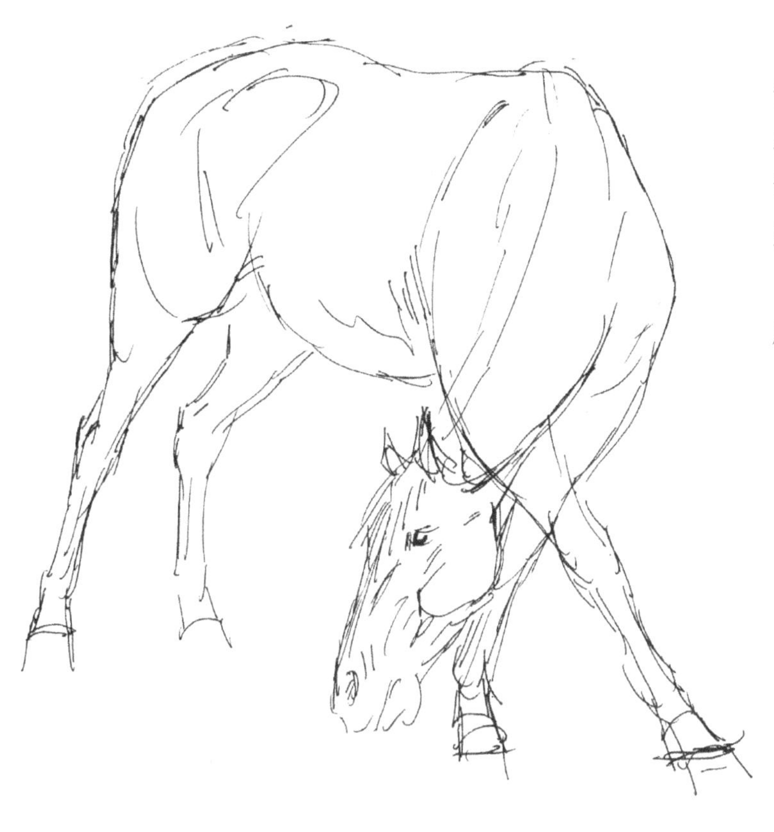

自然状态下的姿态，虽然真实，但是从艺术美感讲并不适宜入画。因此，当我们遇到这种情况时，一定要调动起我们的储备对其进行调整，直到满意。

此图前肢进行了调整。调整后的肢体状态下头颈也进行了微调。

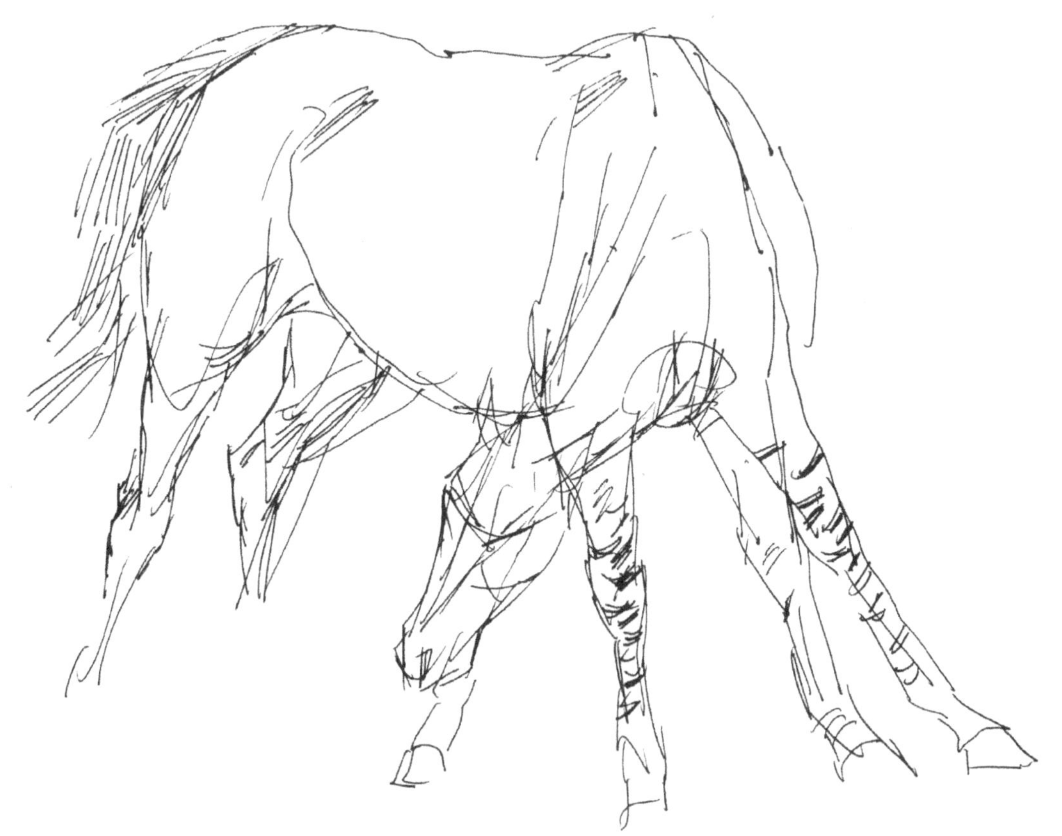

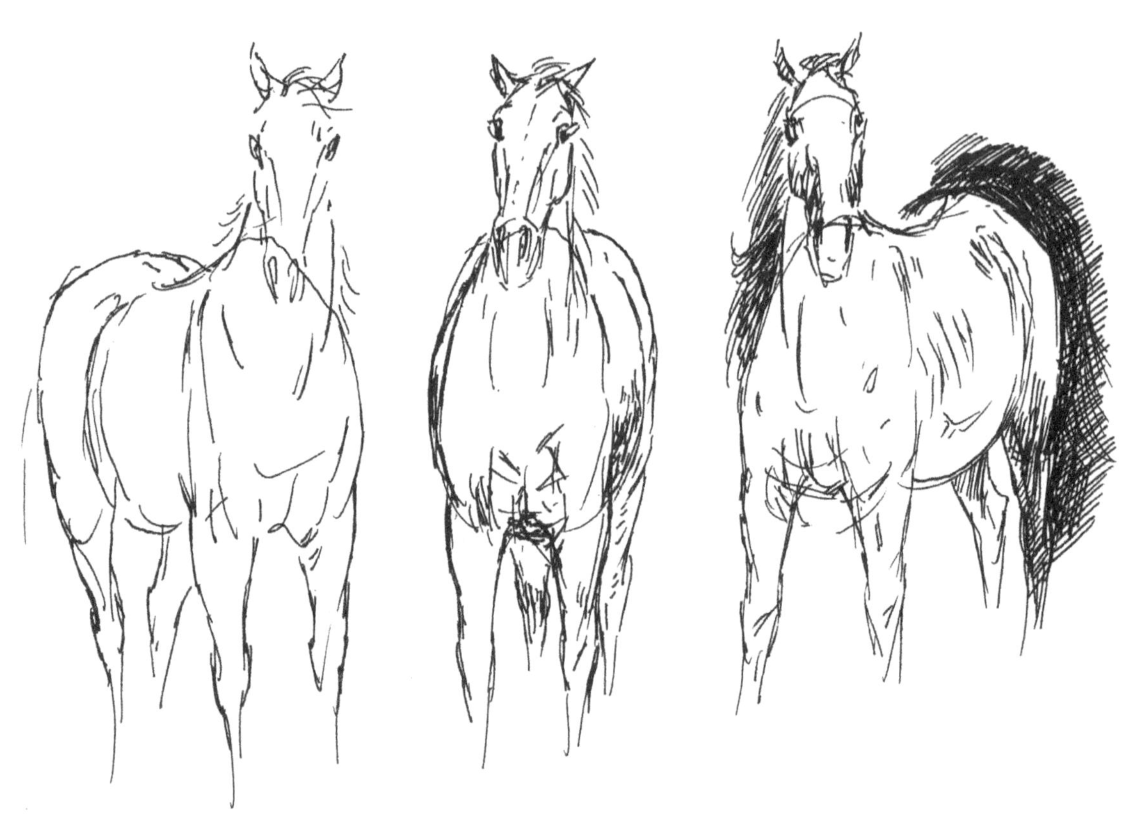

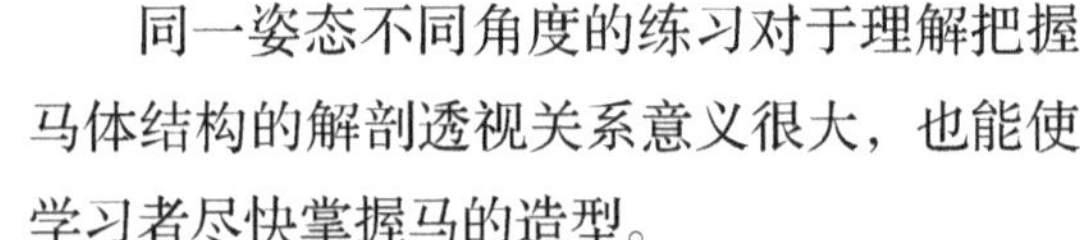

同一姿态不同角度的练习对于理解把握马体结构的解剖透视关系意义很大，也能使学习者尽快掌握马的造型。

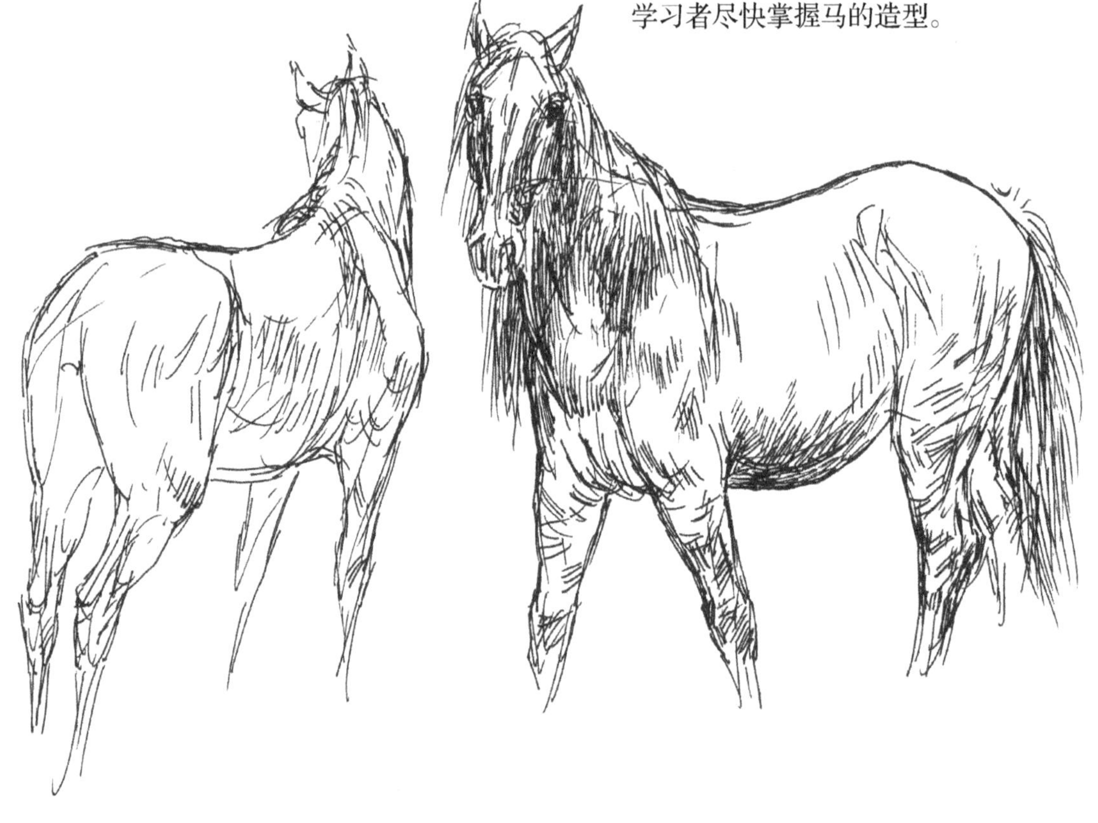

　　瘦马比肥马难画是因为瘦马的骨骼、肌肉结构明显突出。多做瘦马的练习，就会使你尽快熟悉马的骨骼，肌肉分布情况及两者在运动过程中的变化。画瘦马的关键是找准结构，宁可画得过一些，不可不足。

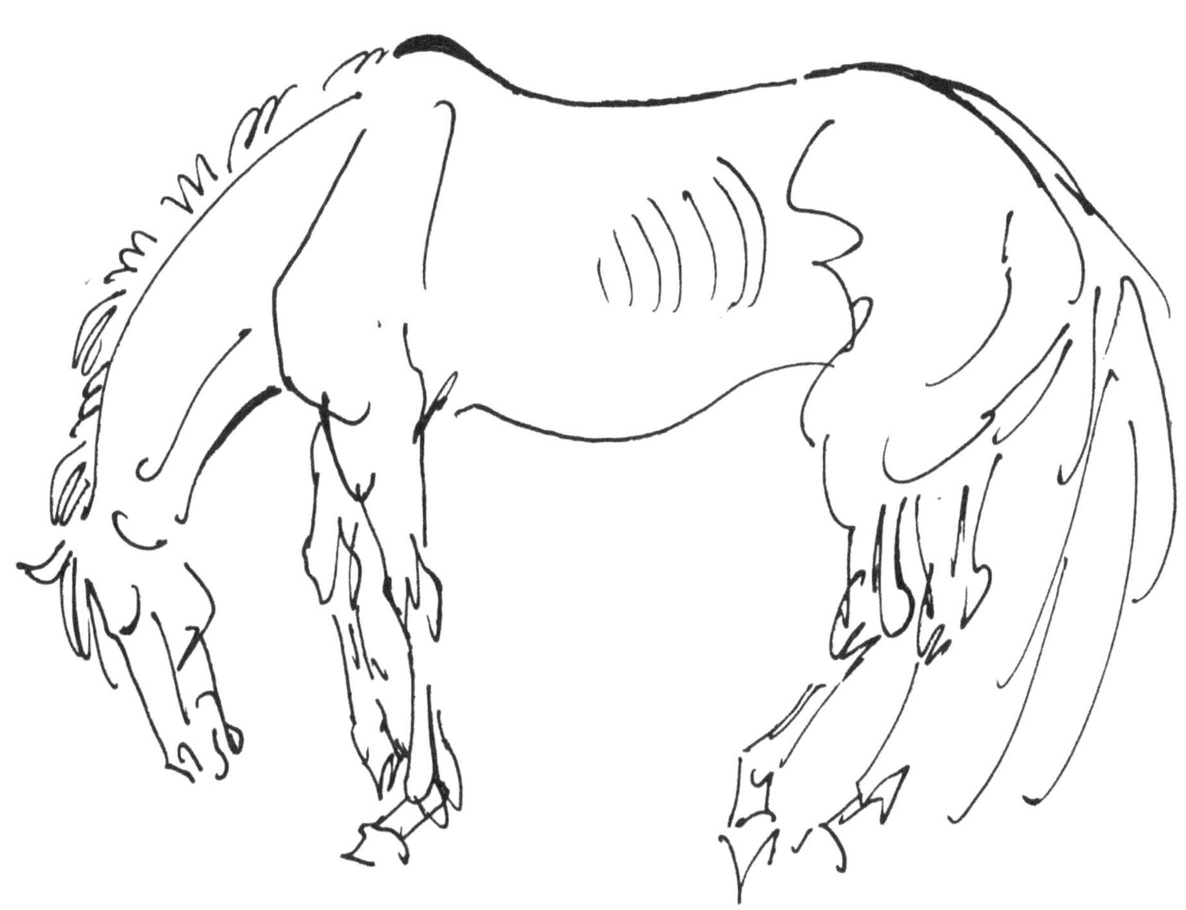

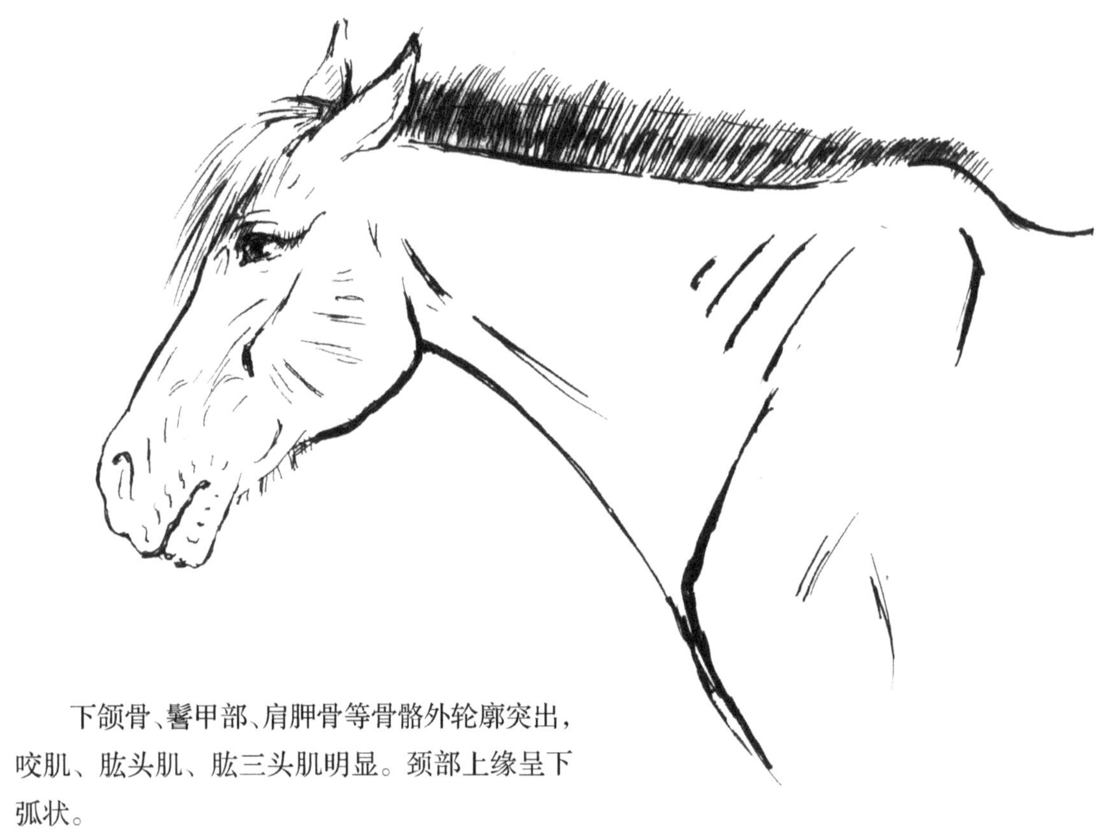

　　下颌骨、鬐甲部、肩胛骨等骨骼外轮廓突出，咬肌、肱头肌、肱三头肌明显。颈部上缘呈下弧状。

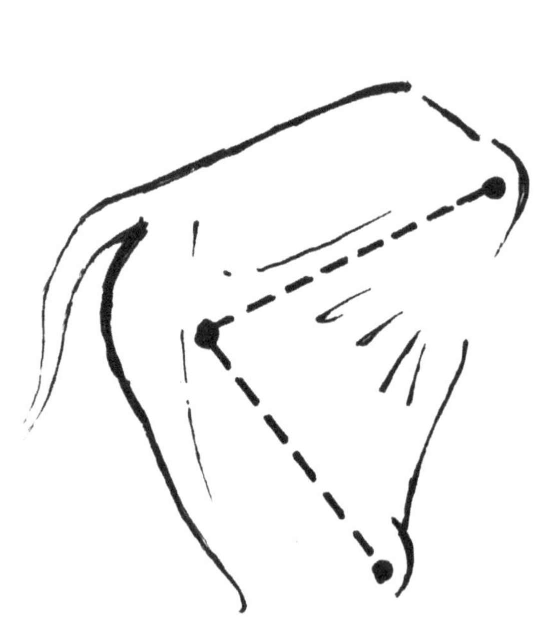

　　髋结节与股骨两端形成一个明显的三角形，半腱肌、股阔筋膜张肌明显。

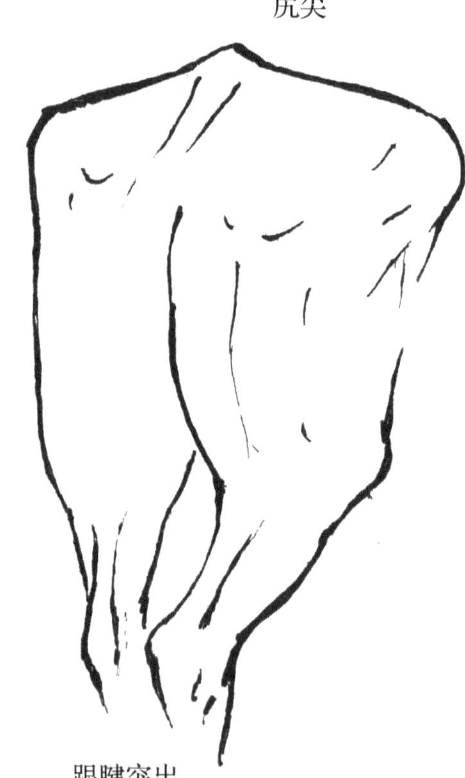

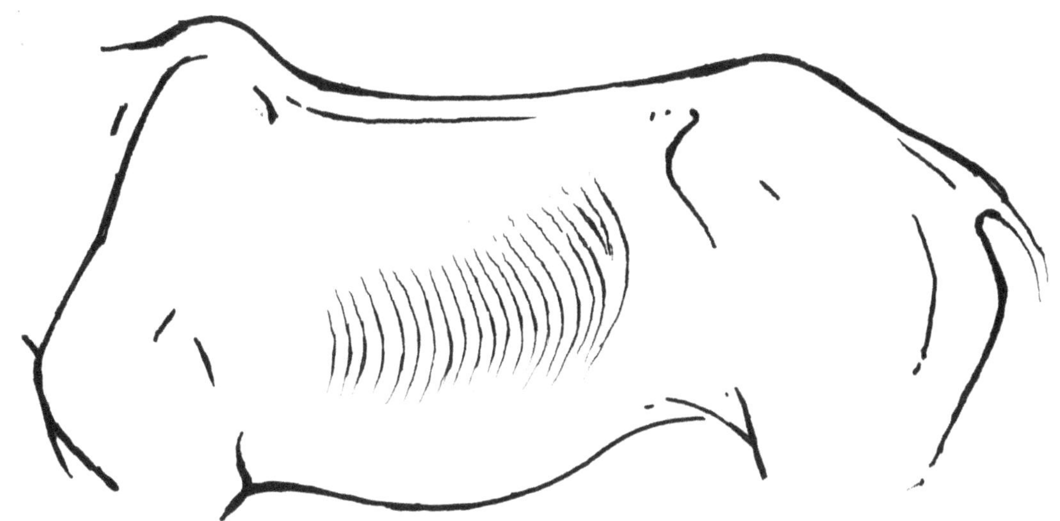

瘦马的肋骨中间部分突出。

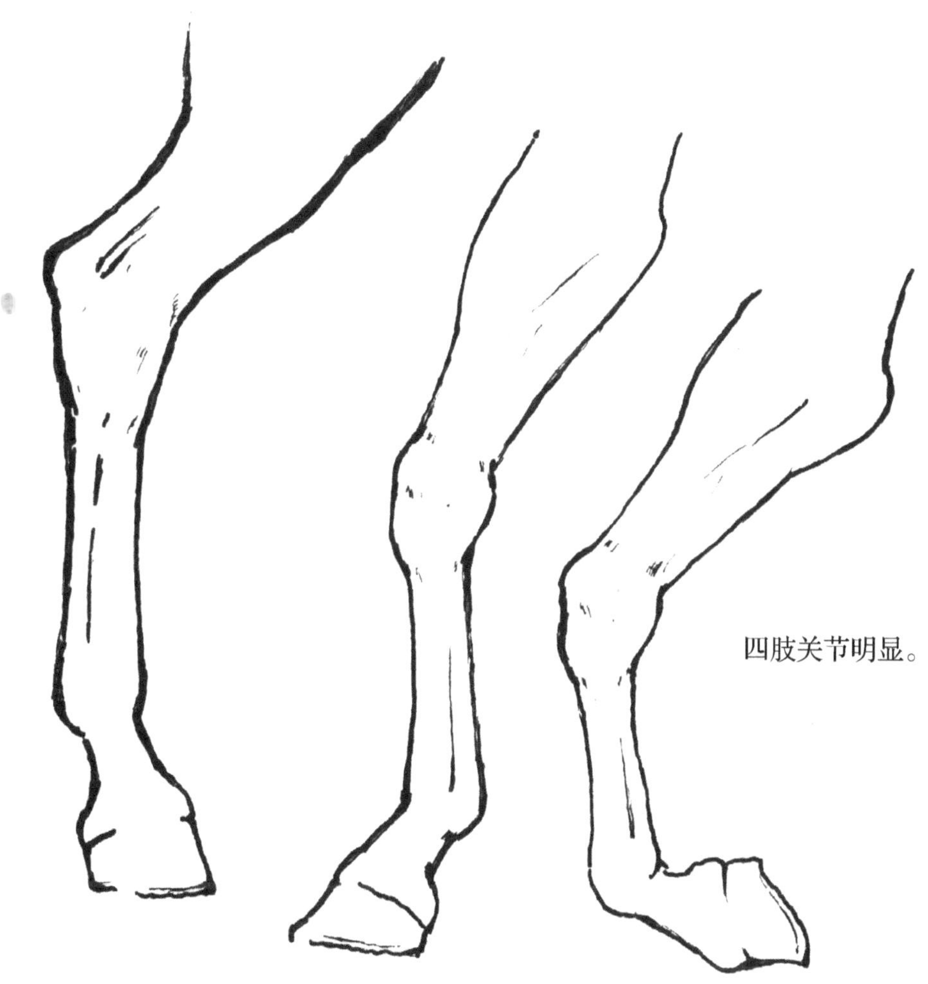

四肢关节明显。

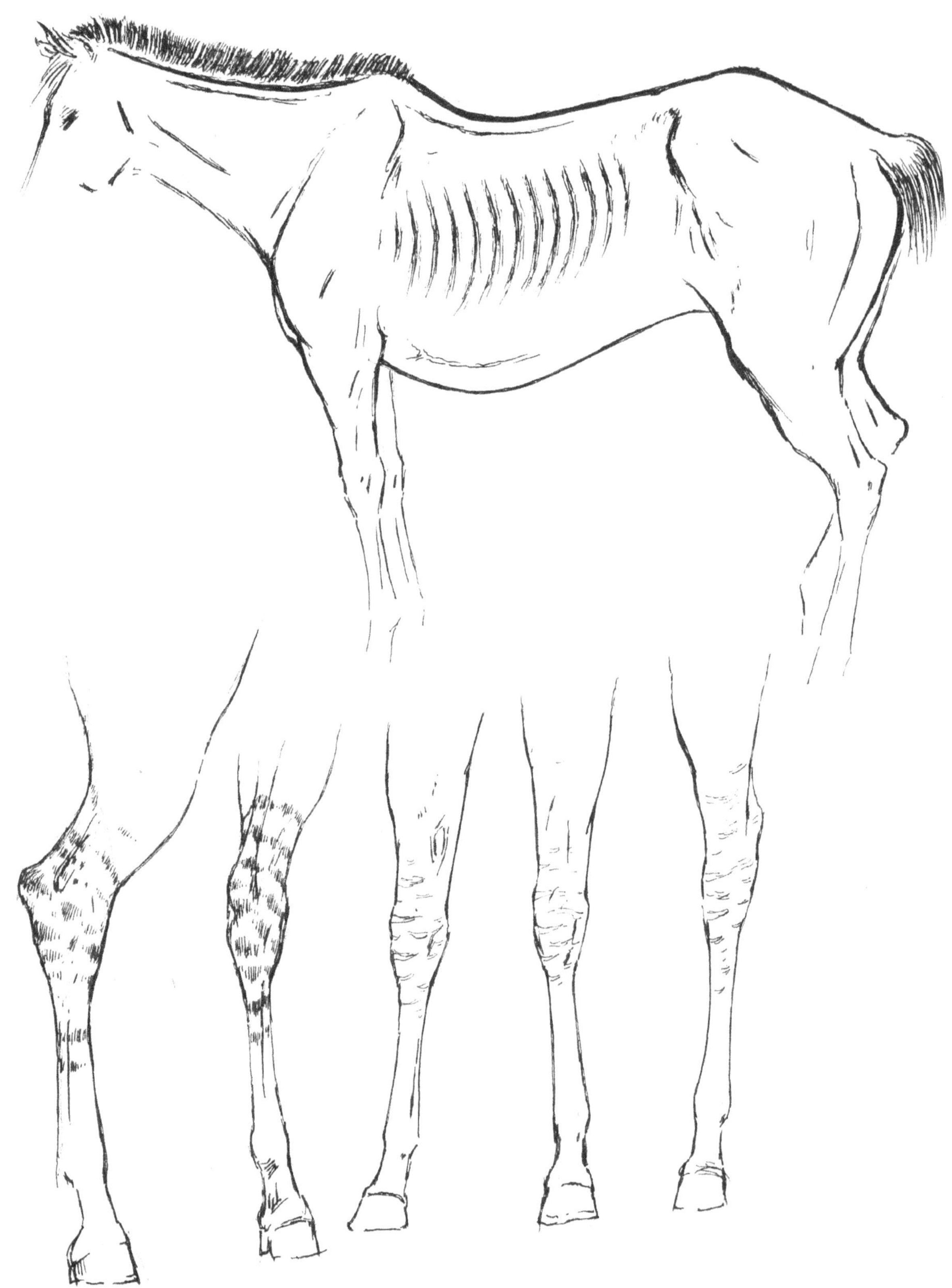

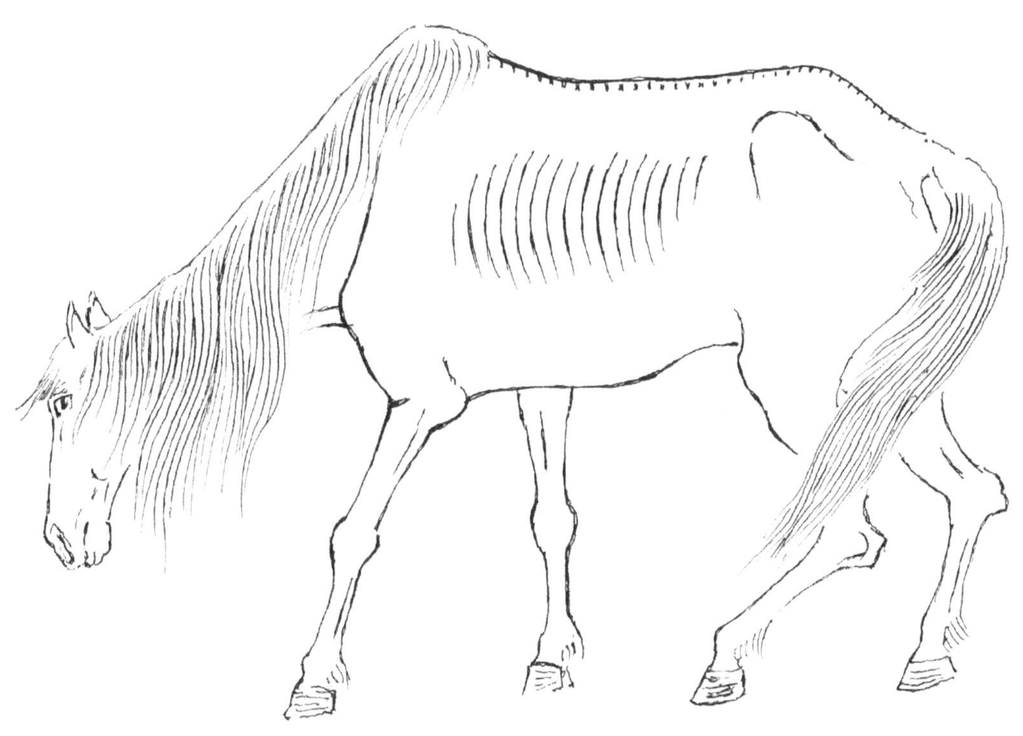

　　瘦马是写生中常常遇到的。瘦马对于我们的创作有着重要的意义。美术史上的瘦马作品有宋代龚开的《瘦马图》、元代任仁发的《二马图》，还有清代郎世宁笔下的马，在画马史上占有重要的位置。参考前人的作品对我们瘦马写生具有事半功倍的作用。

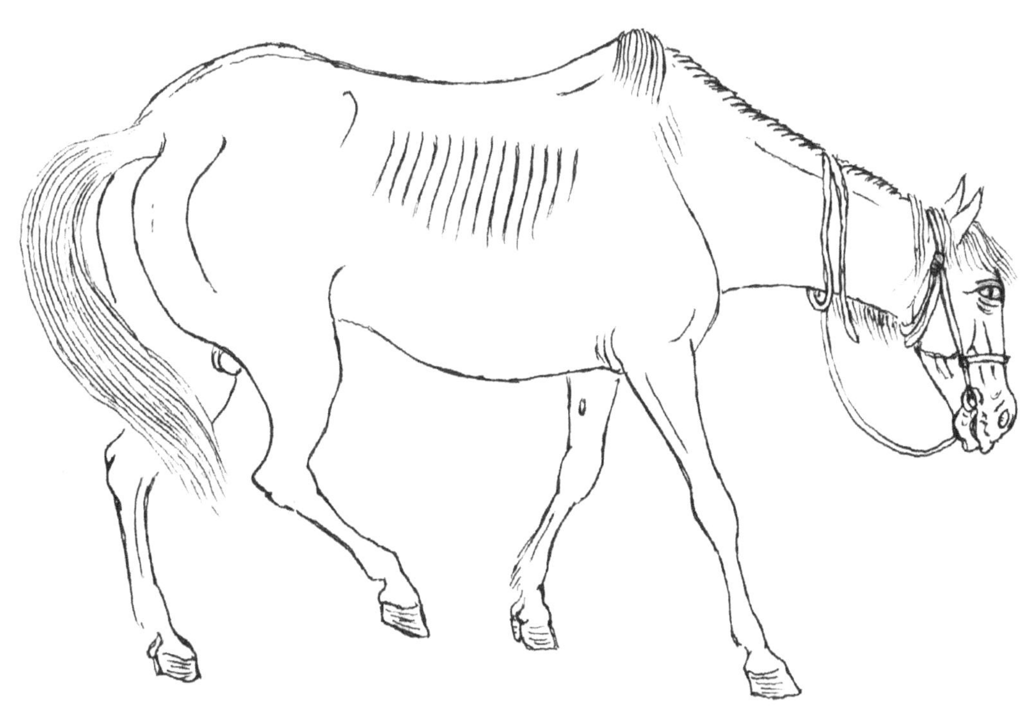

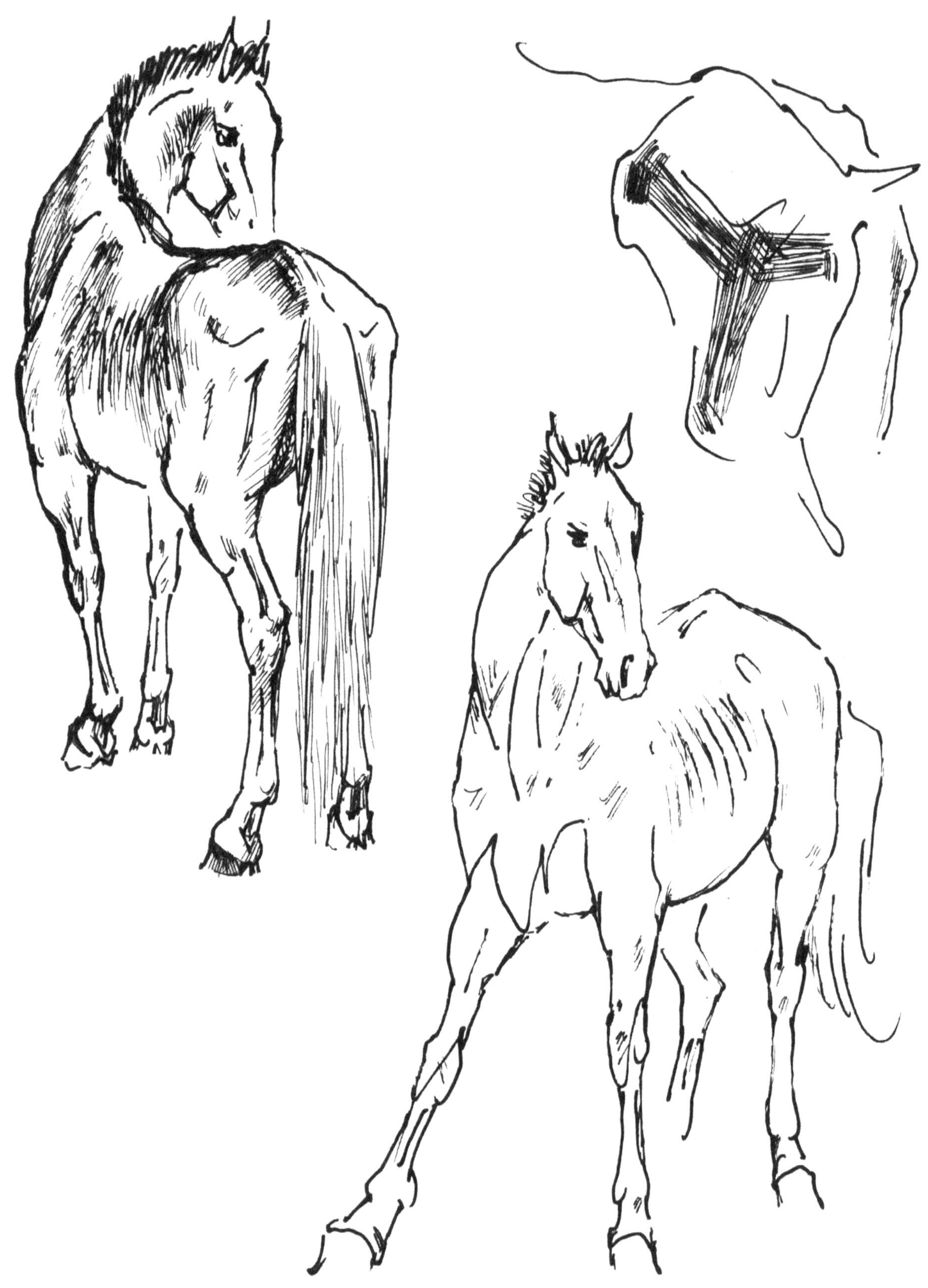

瘦马的练习有助于了解马体的解剖结构。

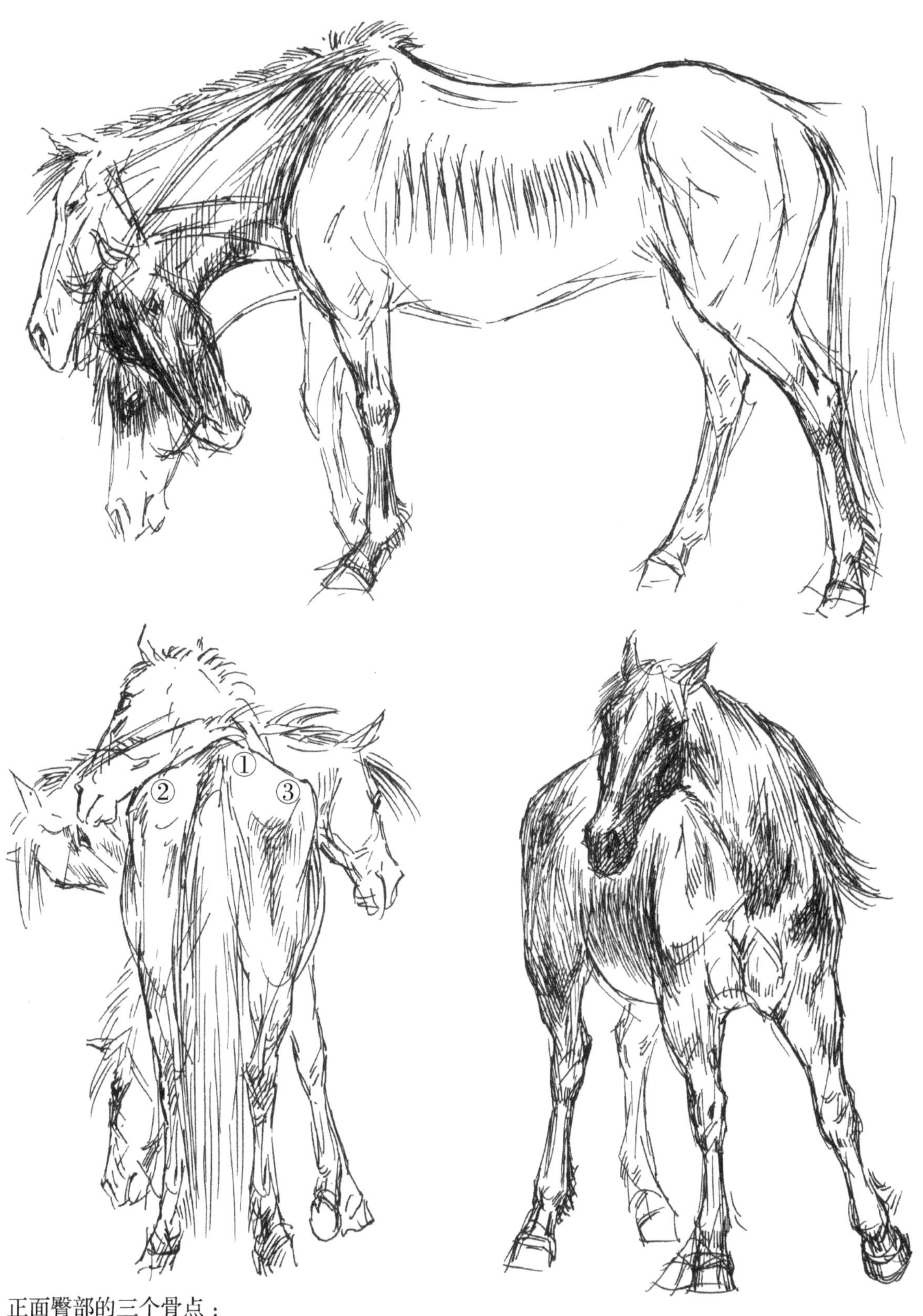

正面臀部的三个骨点：

① 臀部中间最高点。②③ 两个髋结节部位。

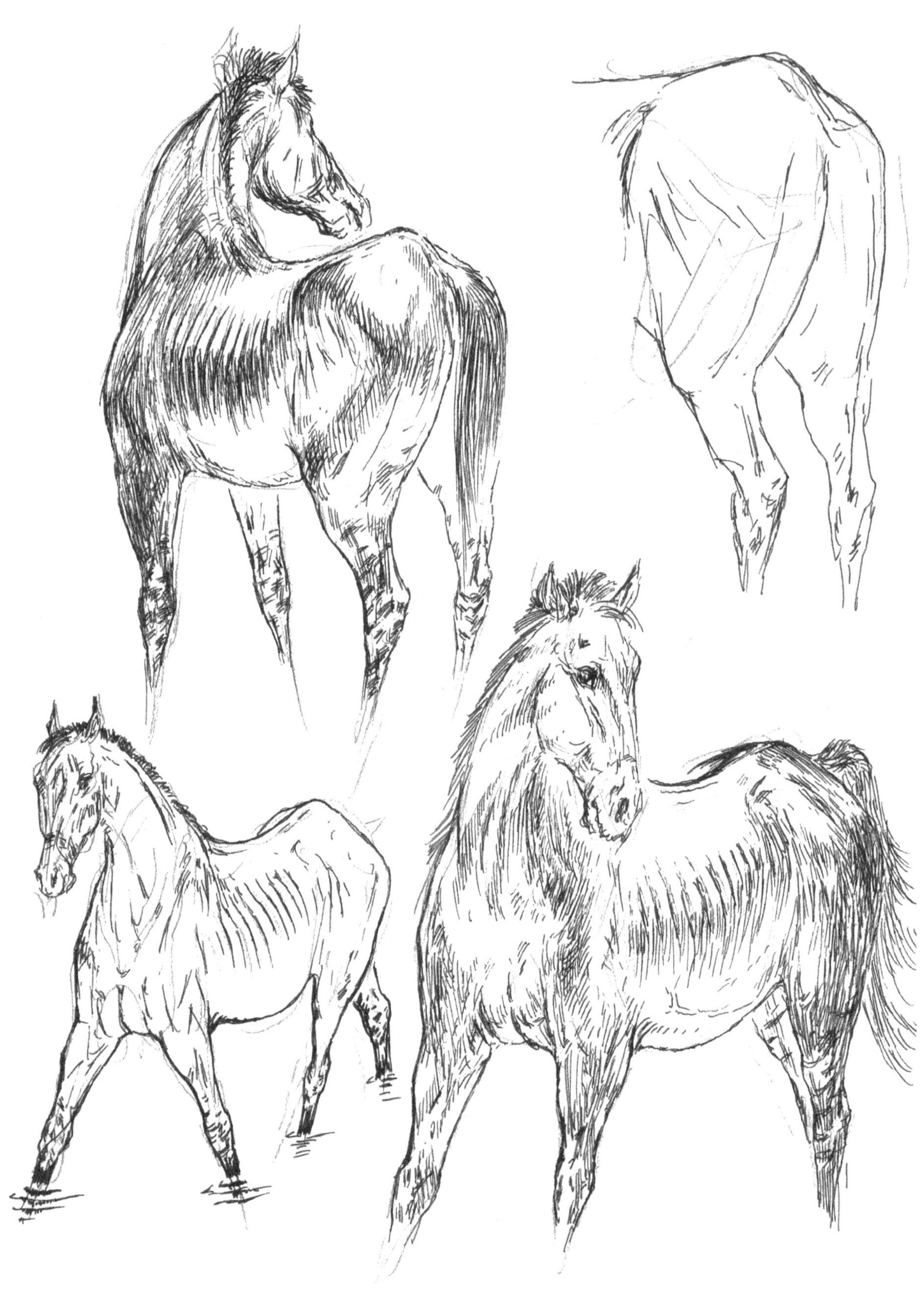

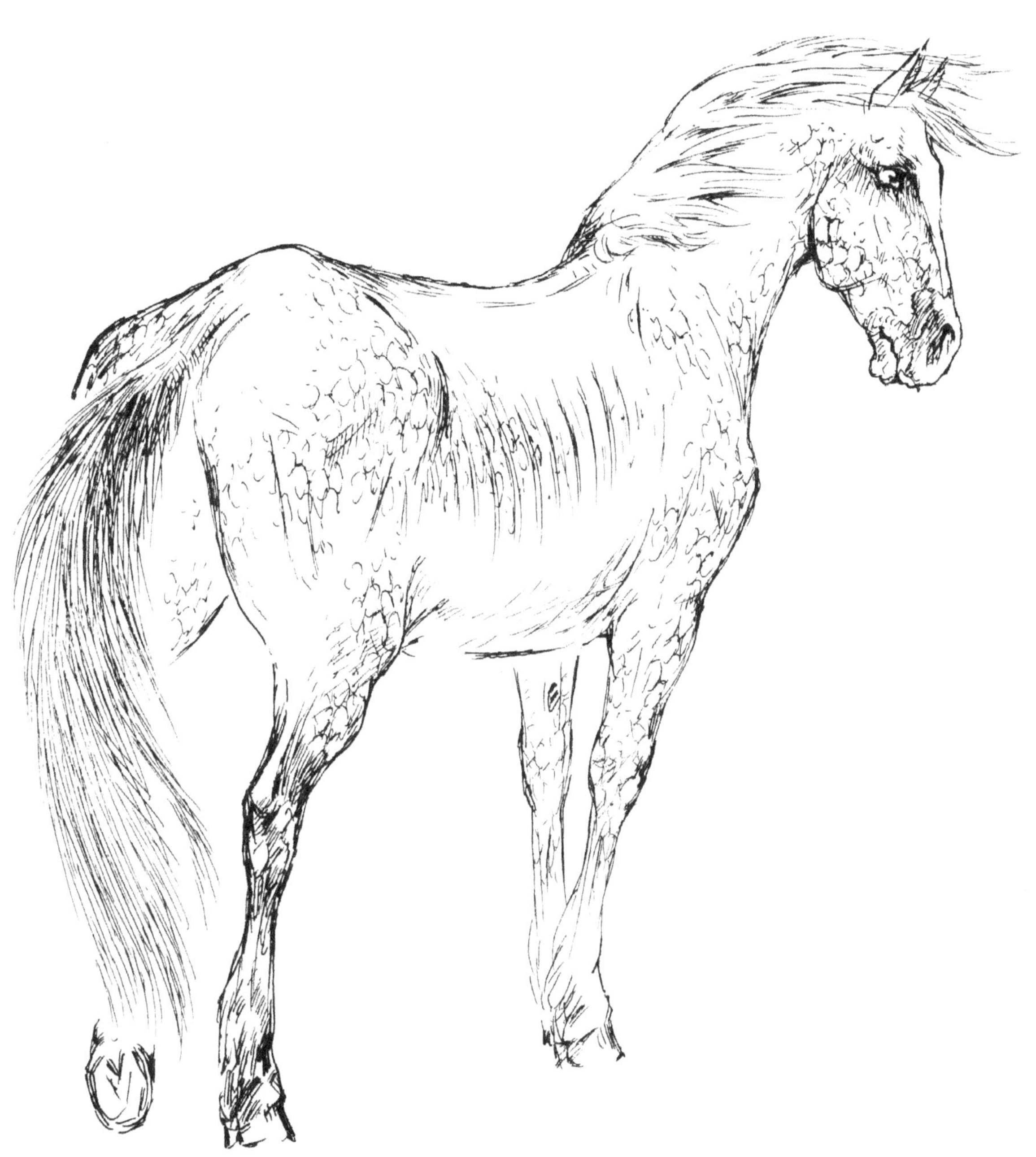

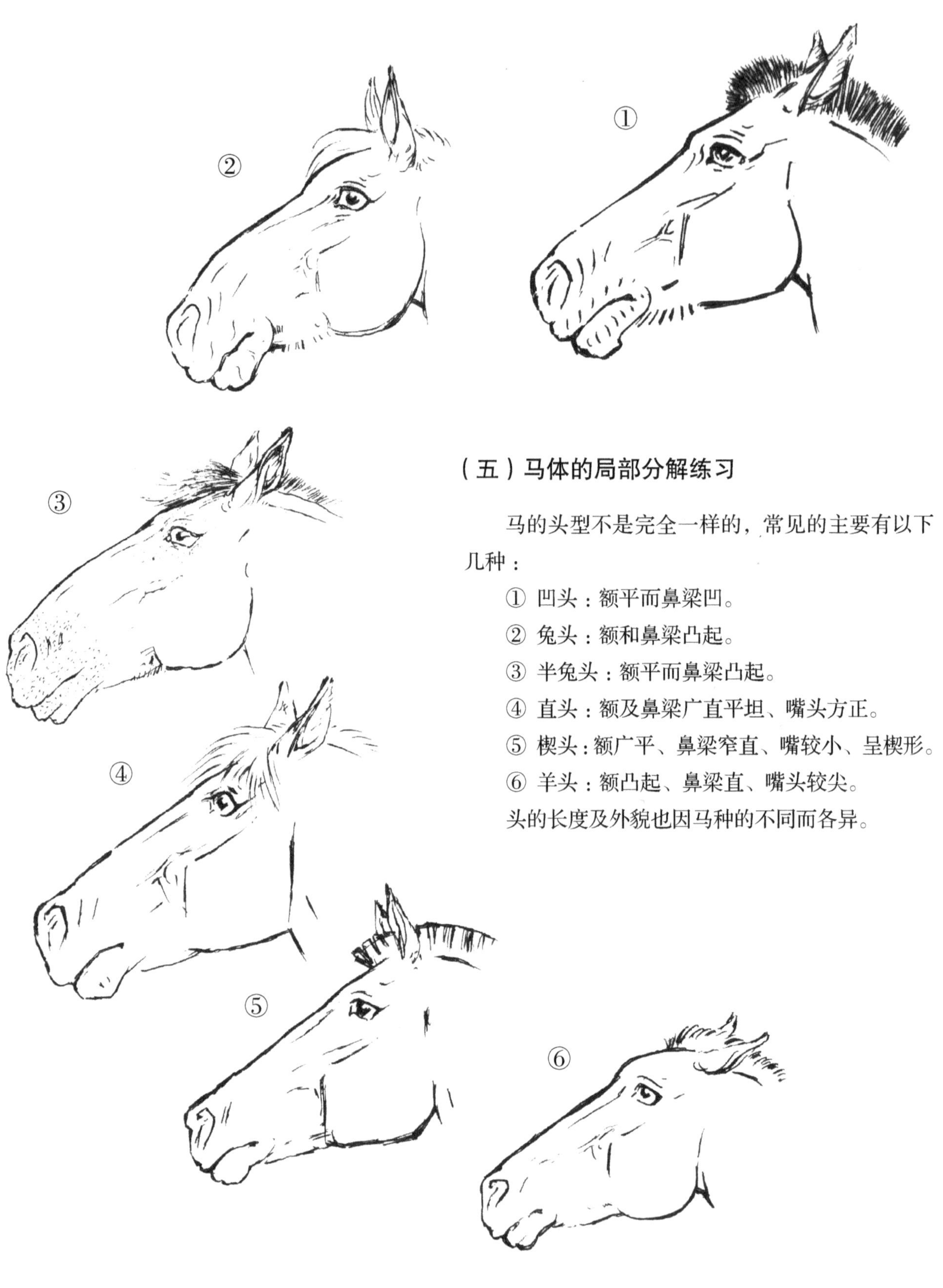

（五）马体的局部分解练习

马的头型不是完全一样的，常见的主要有以下几种：

① 凹头：额平而鼻梁凹。

② 兔头：额和鼻梁凸起。

③ 半兔头：额平而鼻梁凸起。

④ 直头：额及鼻梁广直平坦、嘴头方正。

⑤ 楔头：额广平、鼻梁窄直、嘴较小、呈楔形。

⑥ 羊头：额凸起、鼻梁直、嘴头较尖。

头的长度及外貌也因马种的不同而各异。

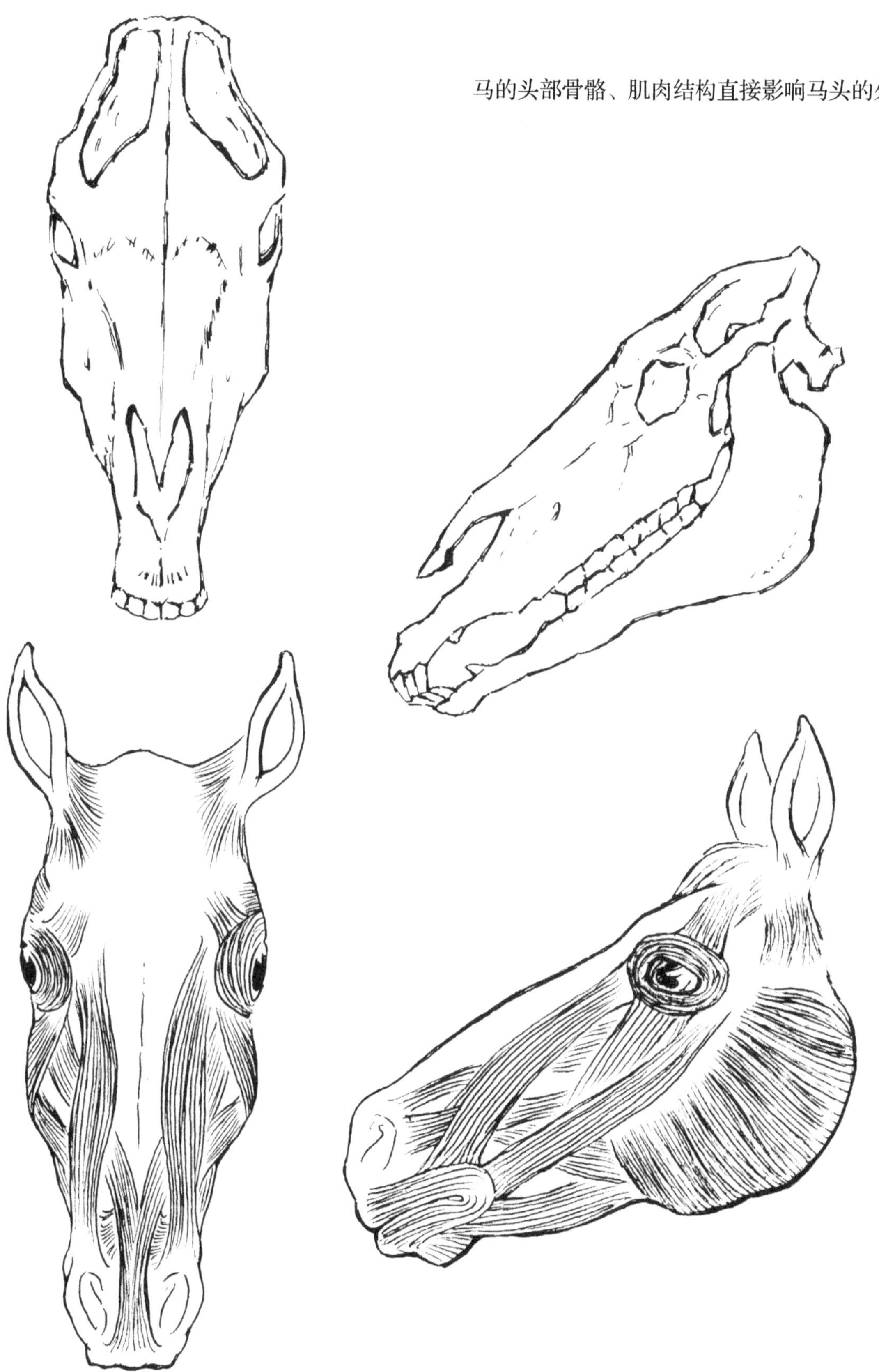

马的头部骨骼、肌肉结构直接影响马头的外形。

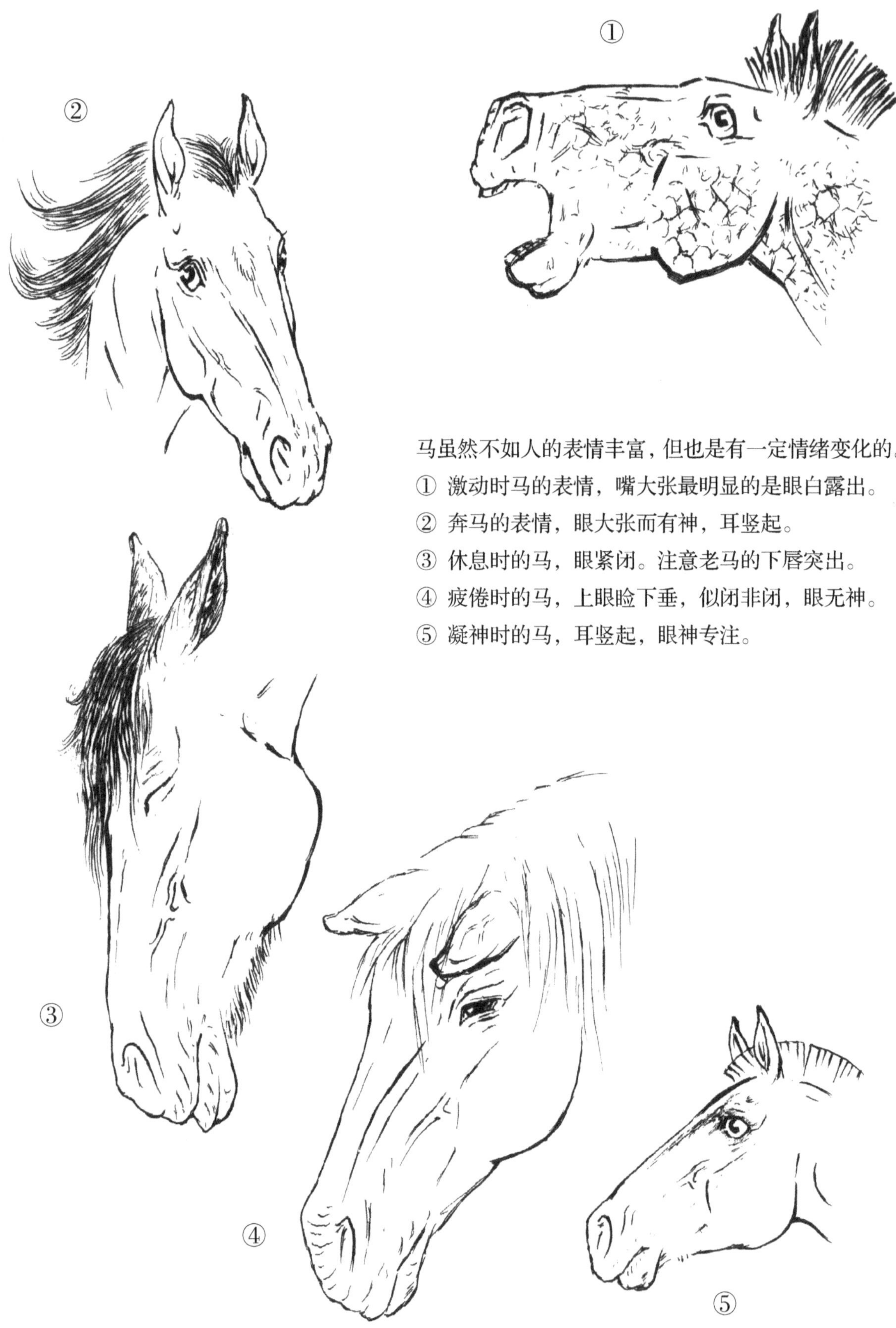

马虽然不如人的表情丰富，但也是有一定情绪变化的。

① 激动时马的表情，嘴大张最明显的是眼白露出。

② 奔马的表情，眼大张而有神，耳竖起。

③ 休息时的马，眼紧闭。注意老马的下唇突出。

④ 疲倦时的马，上眼睑下垂，似闭非闭，眼无神。

⑤ 凝神时的马，耳竖起，眼神专注。

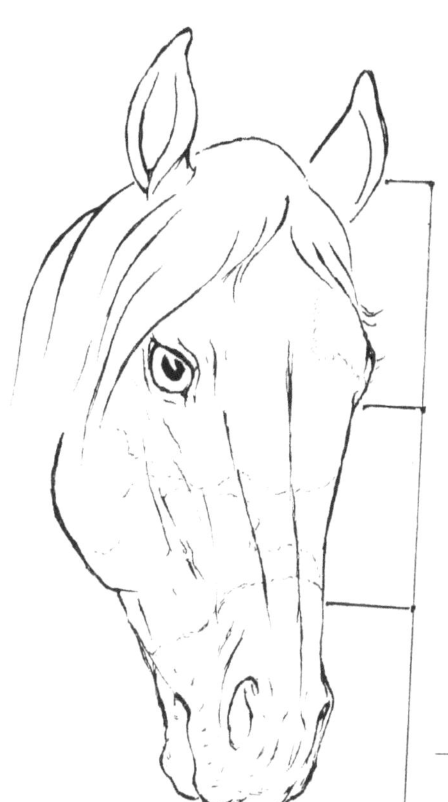

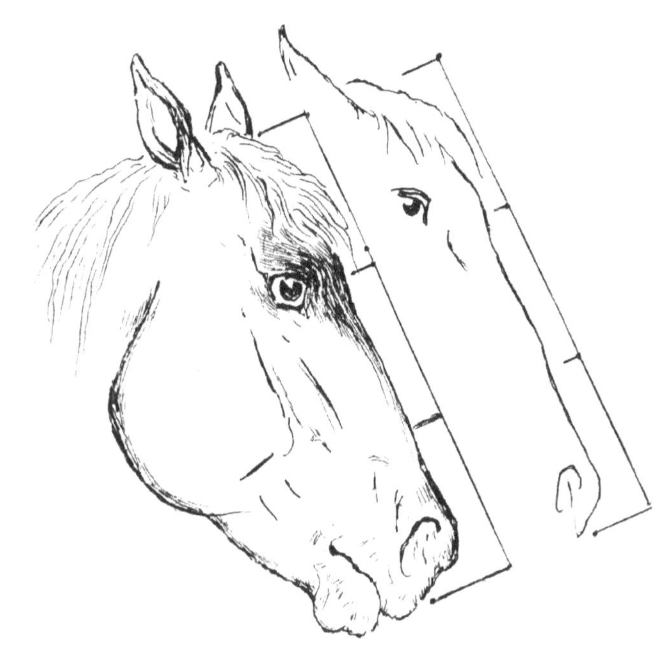

画马时，一个易犯的错误就是眼睛的位置画得过高。一般应在头长的三分之一处。

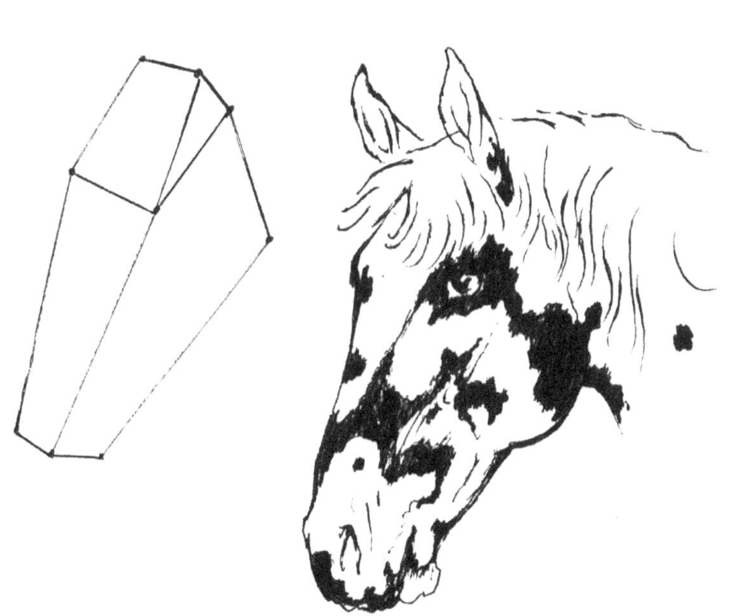

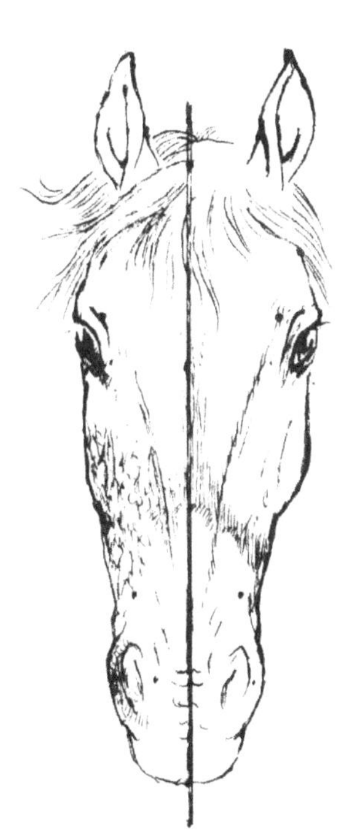

画完后可用两条直线检查一下眼睛和鼻子的透视是否正确。

无论头的方向
如何改变，几何形
体的规律是不会变
的。注意头颈的连
接处，把握住了规
律就变得简单了。

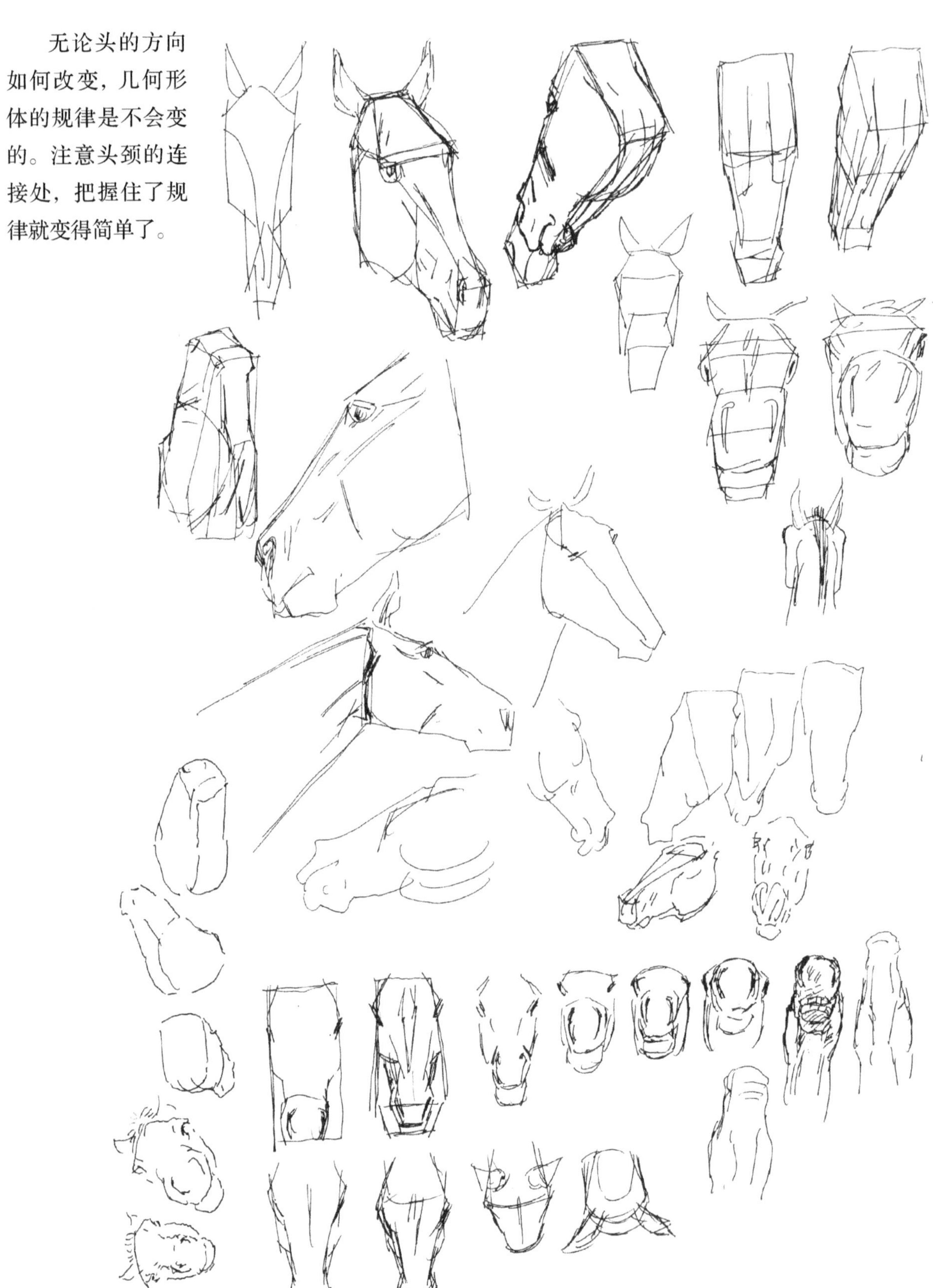

马头的步骤

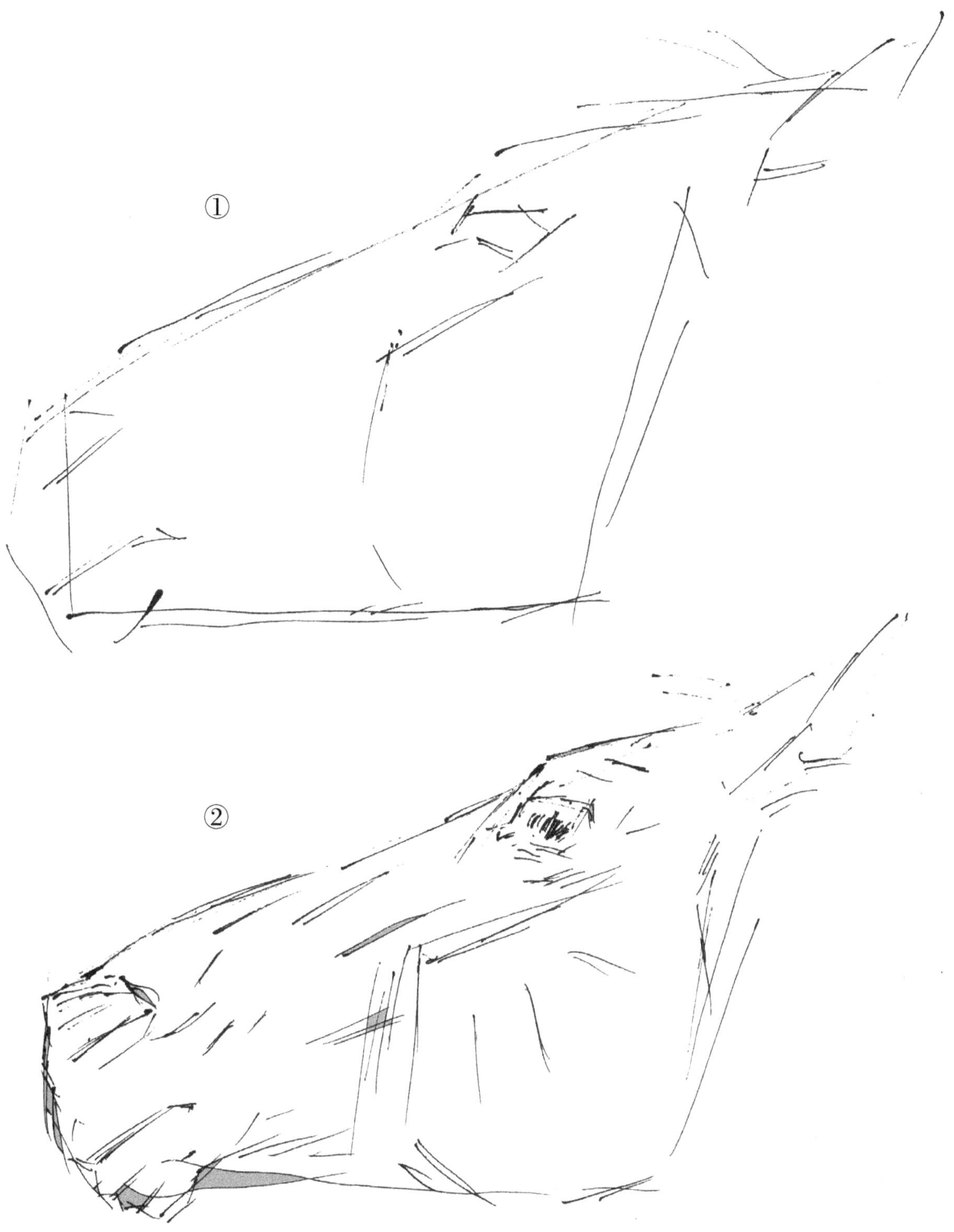

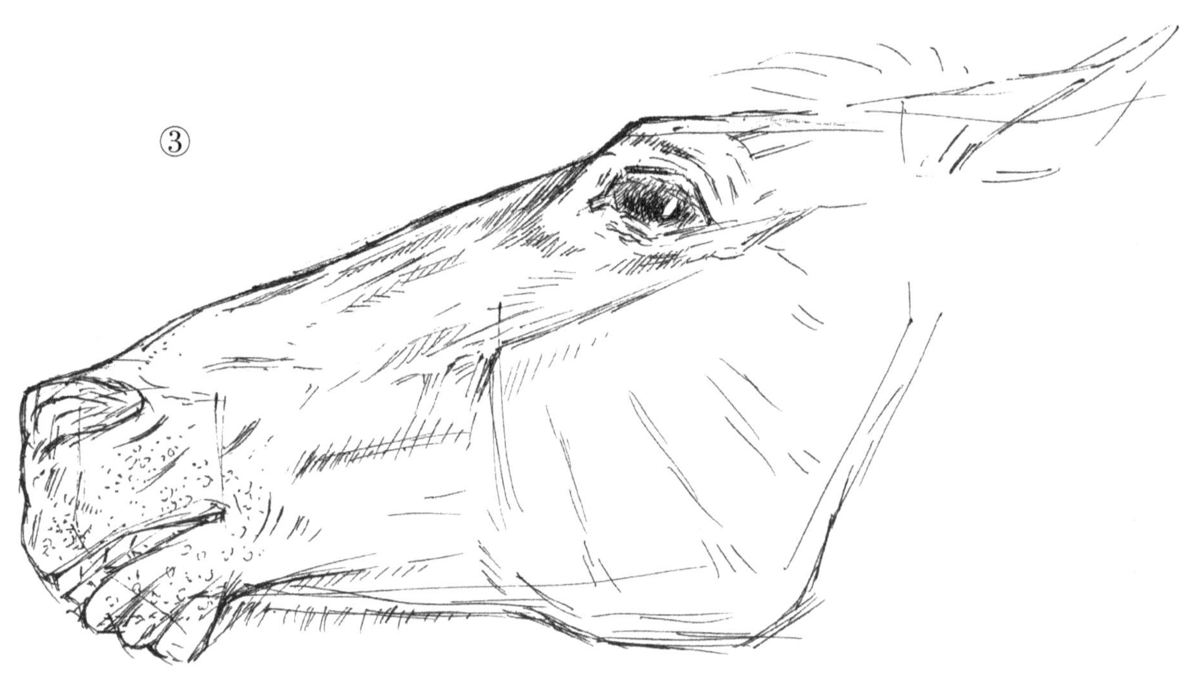

③

注意鼻梁的这条直线以及鼻、鼻梁、额和头顶它们的起伏状态。

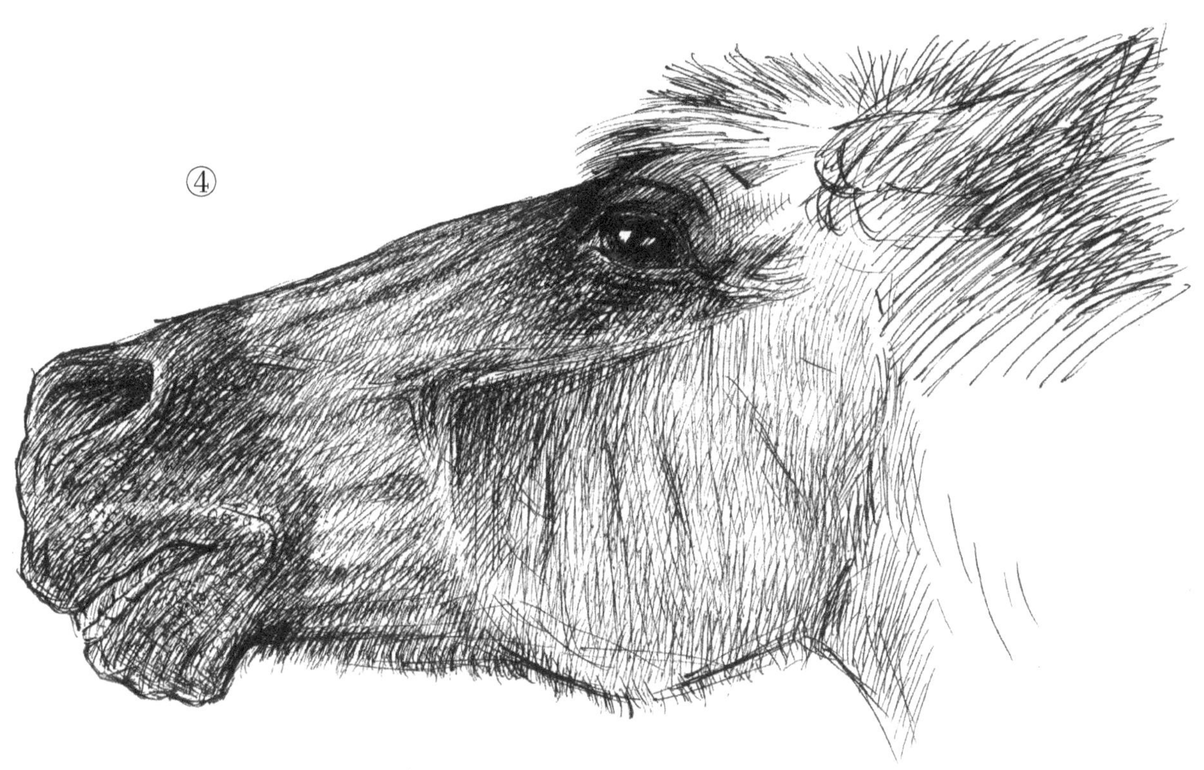

④

深入地写生对理解结构解剖是极其有利的。通过长期大量深入地写生为创作奠定了坚实的基础。

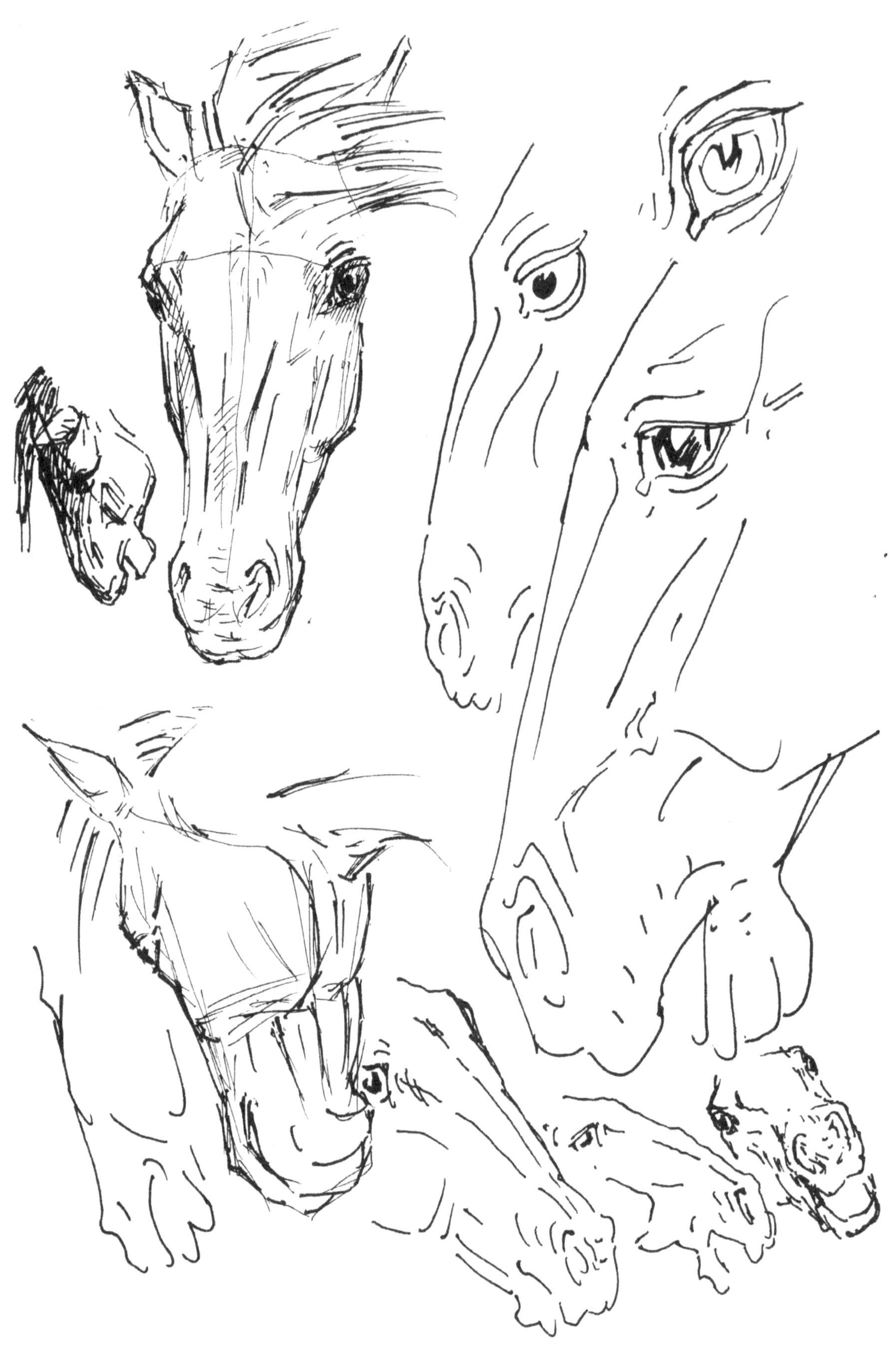

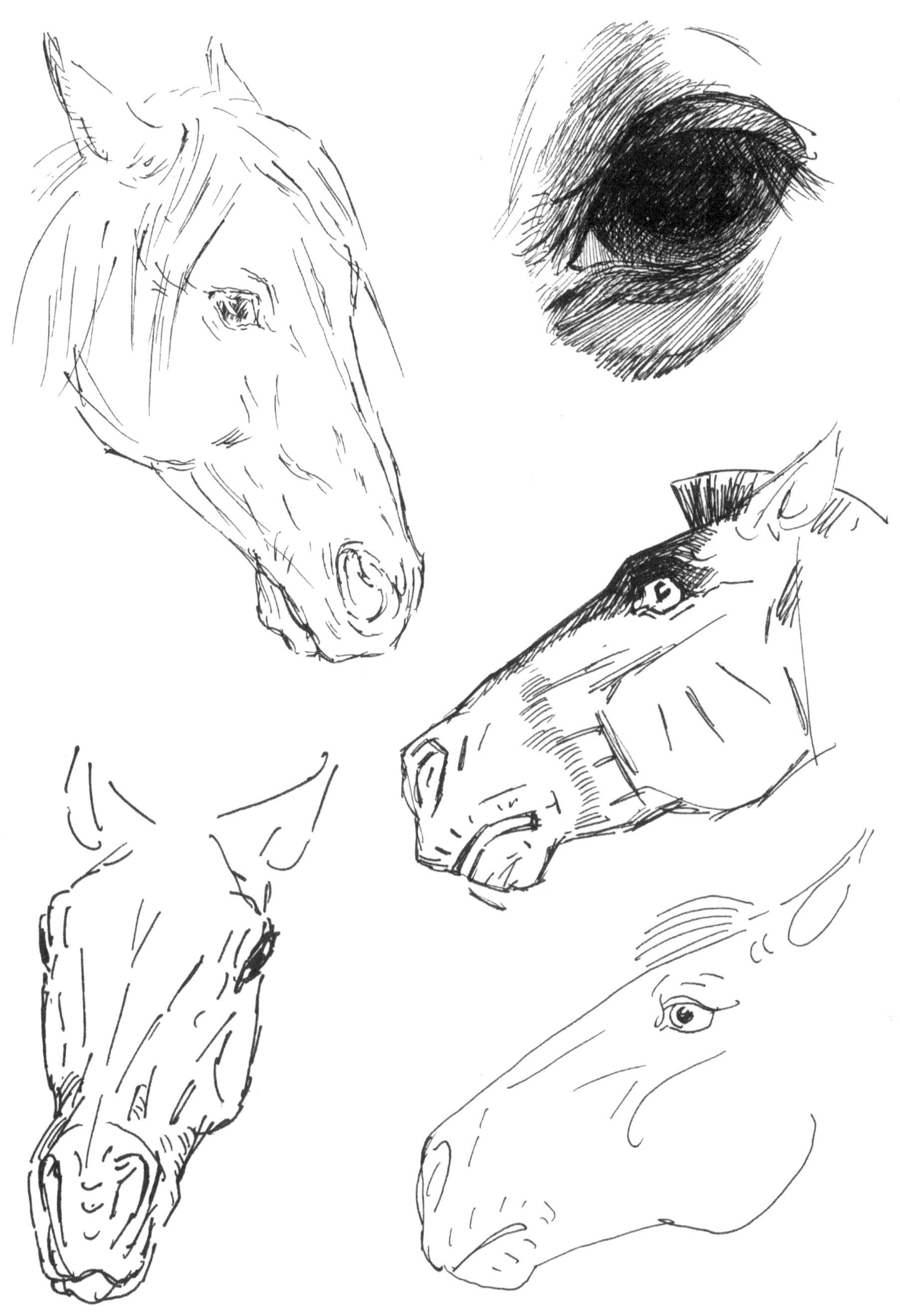

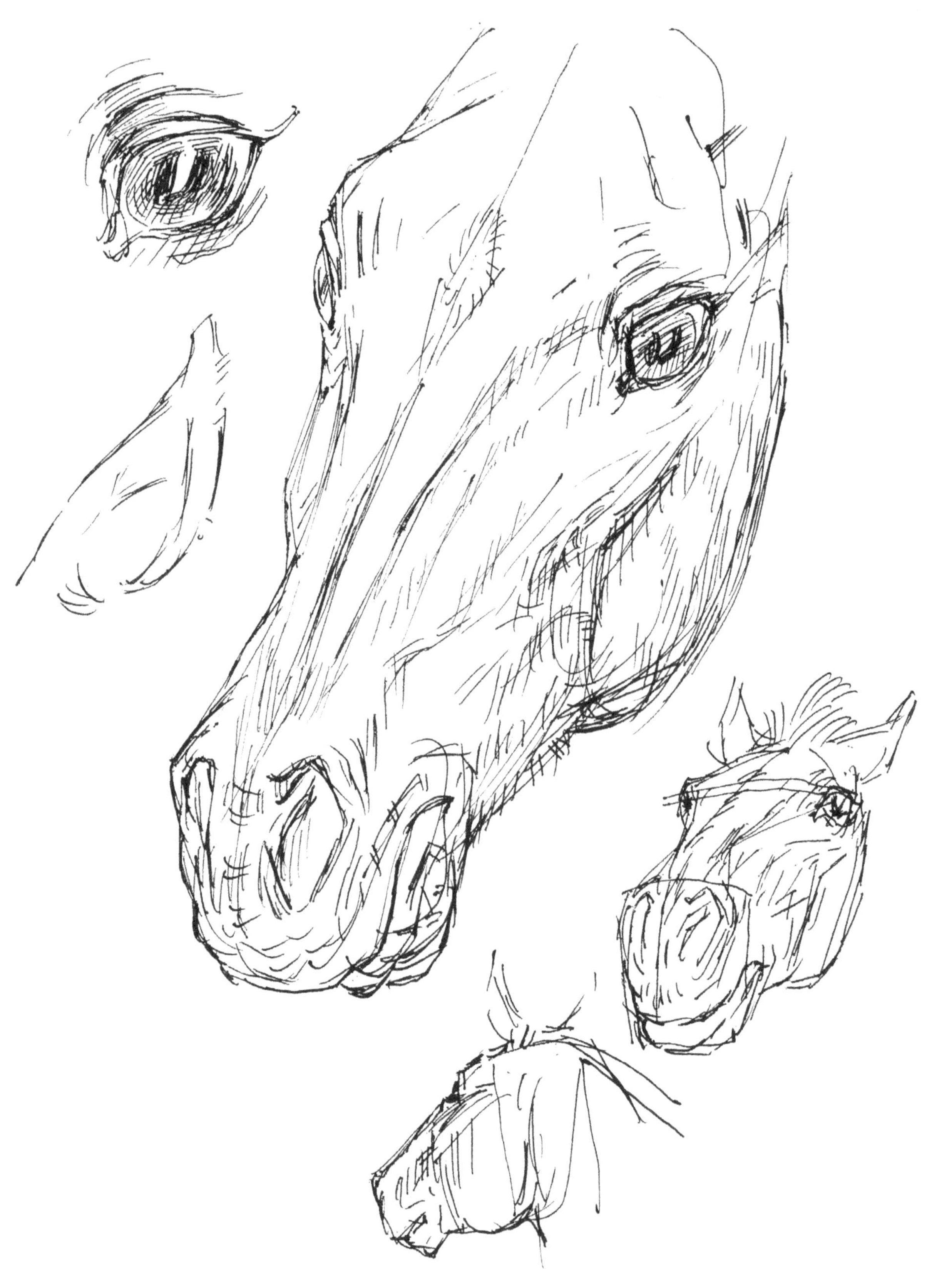

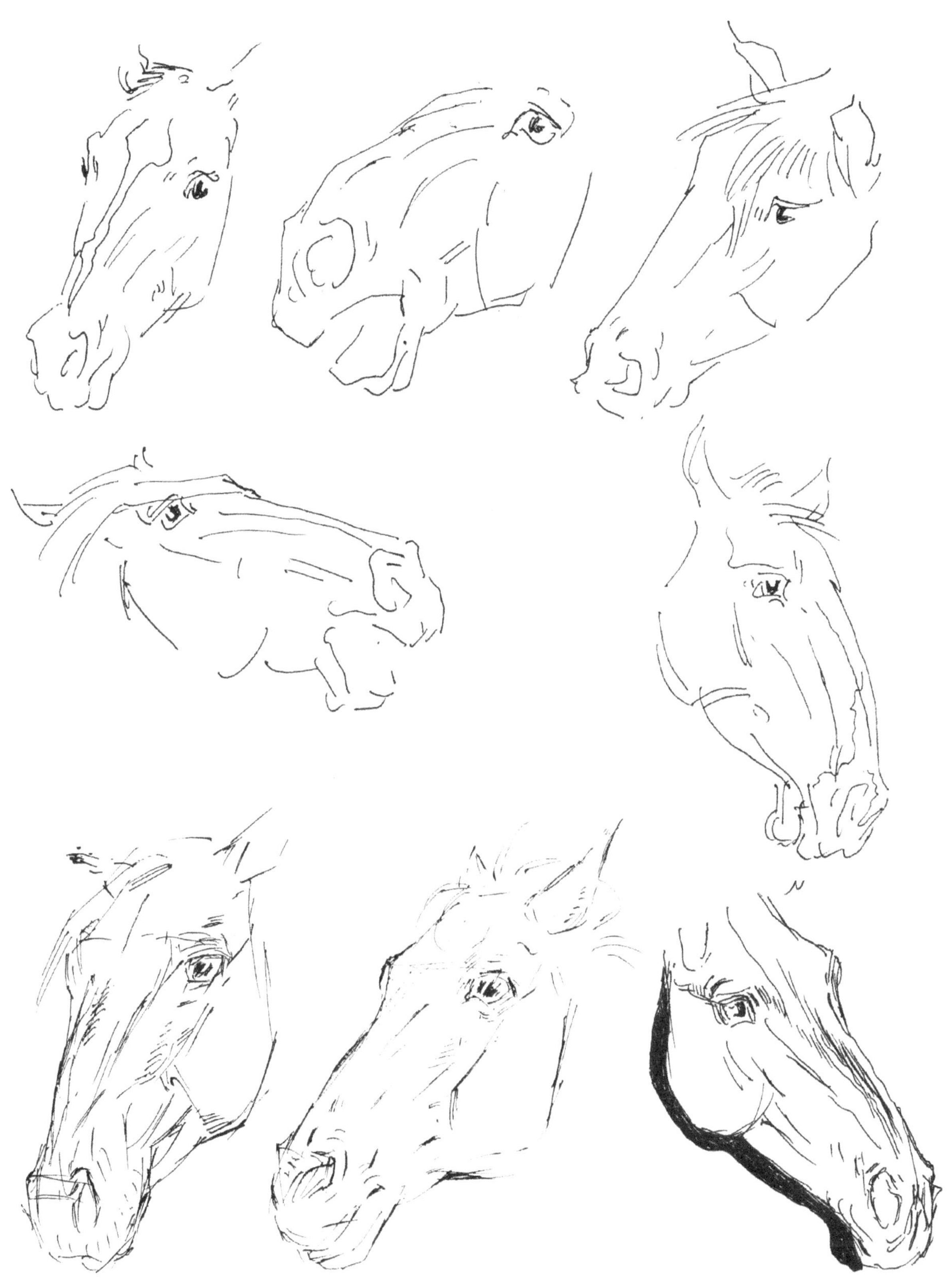

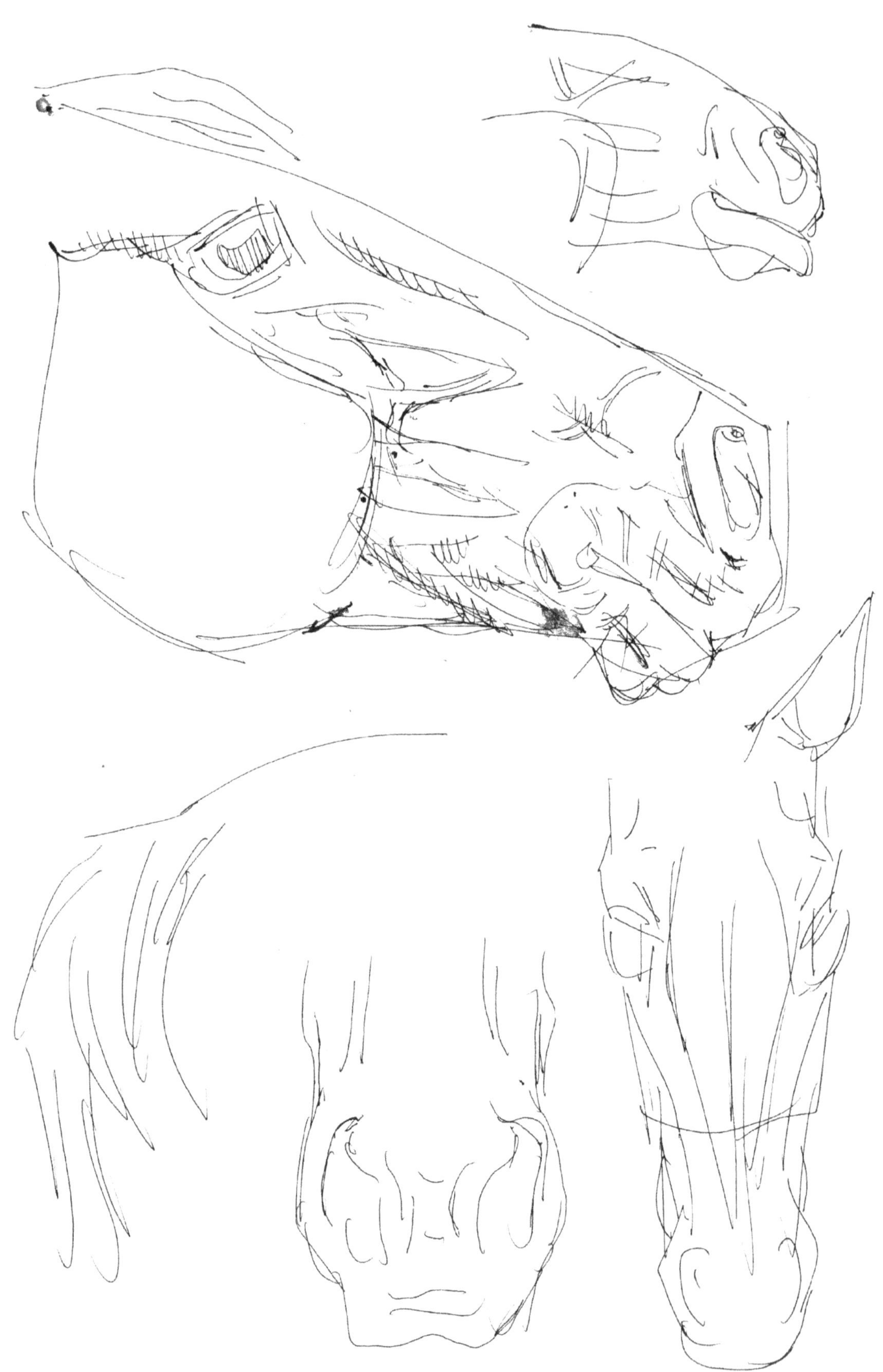

一匹马的优劣，首先要看眼睛，因而马的眼睛要画得大而有神。

良马论云："三十二相眼为先"，说的就是眼睛的重要性。

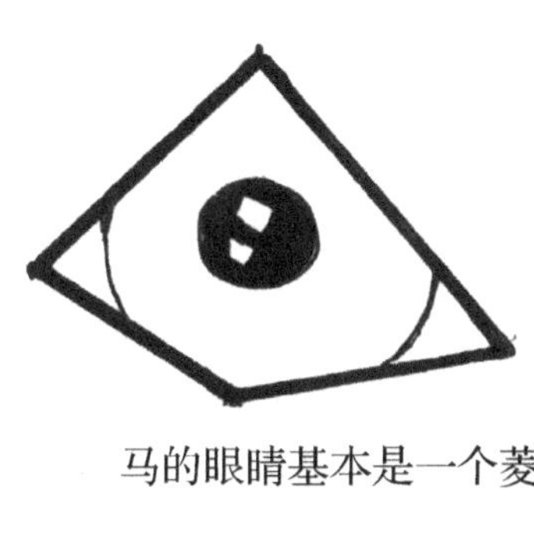

马的眼睛基本是一个菱形。

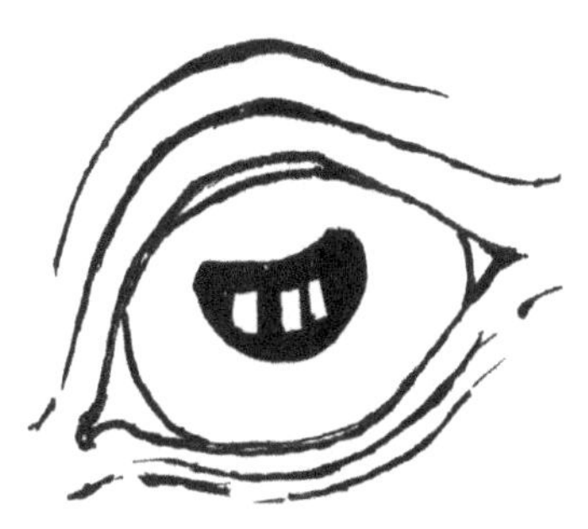

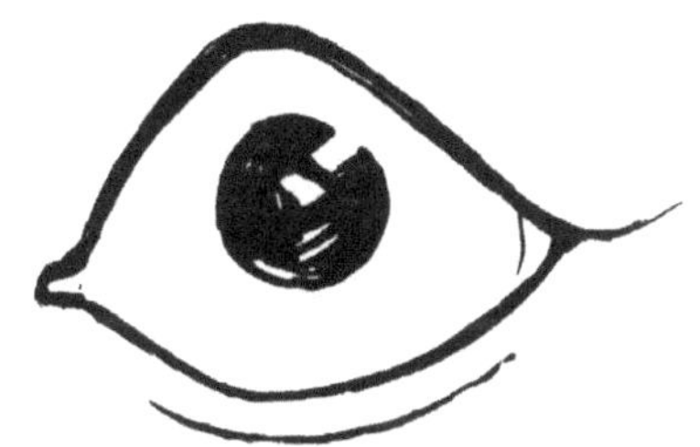

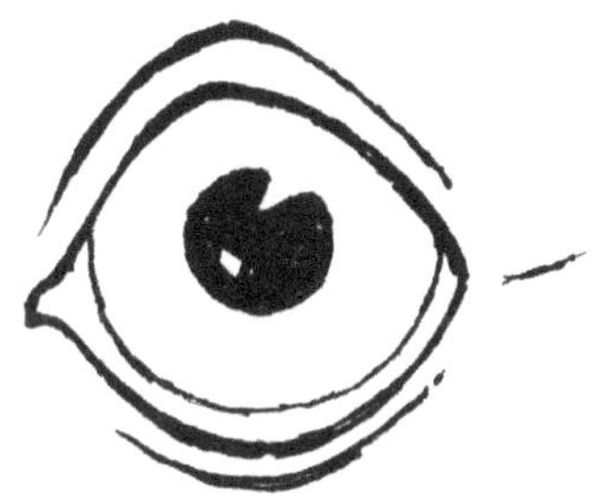

激动时眼白露出。

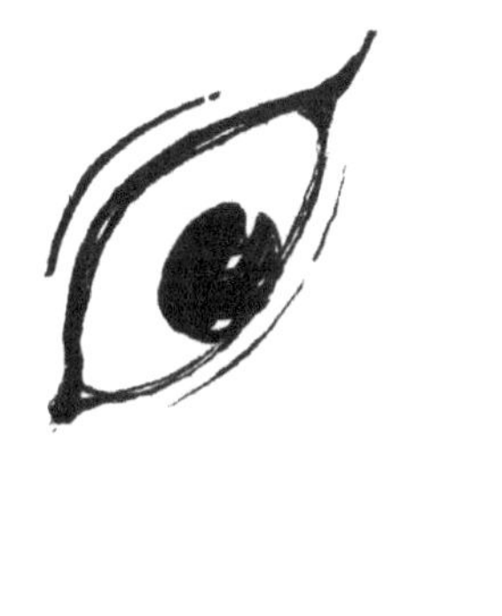

不同角度的眼睛。

闭眼时，上眼睑下垂与下眼睑相合。

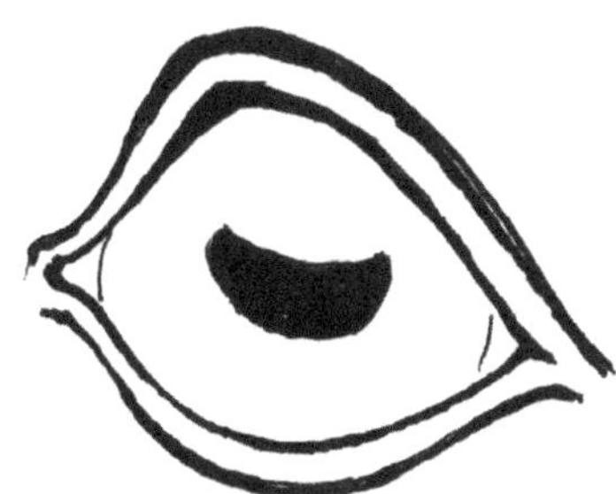

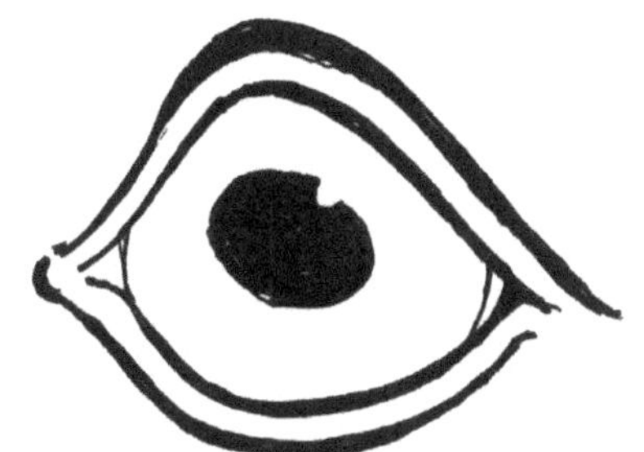

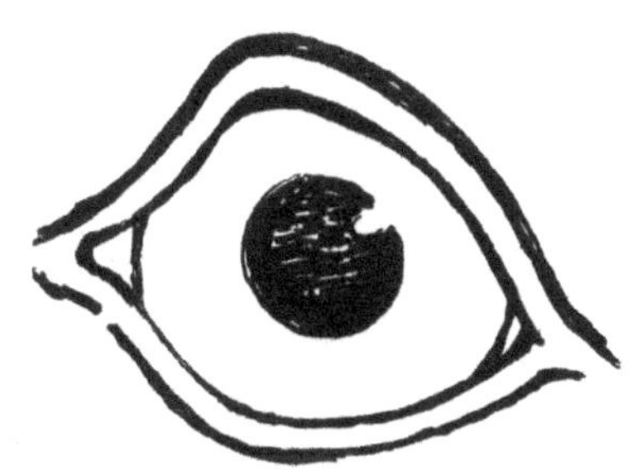

瞳孔随光线强弱而调节。

强光时 弱光时 夜晚时

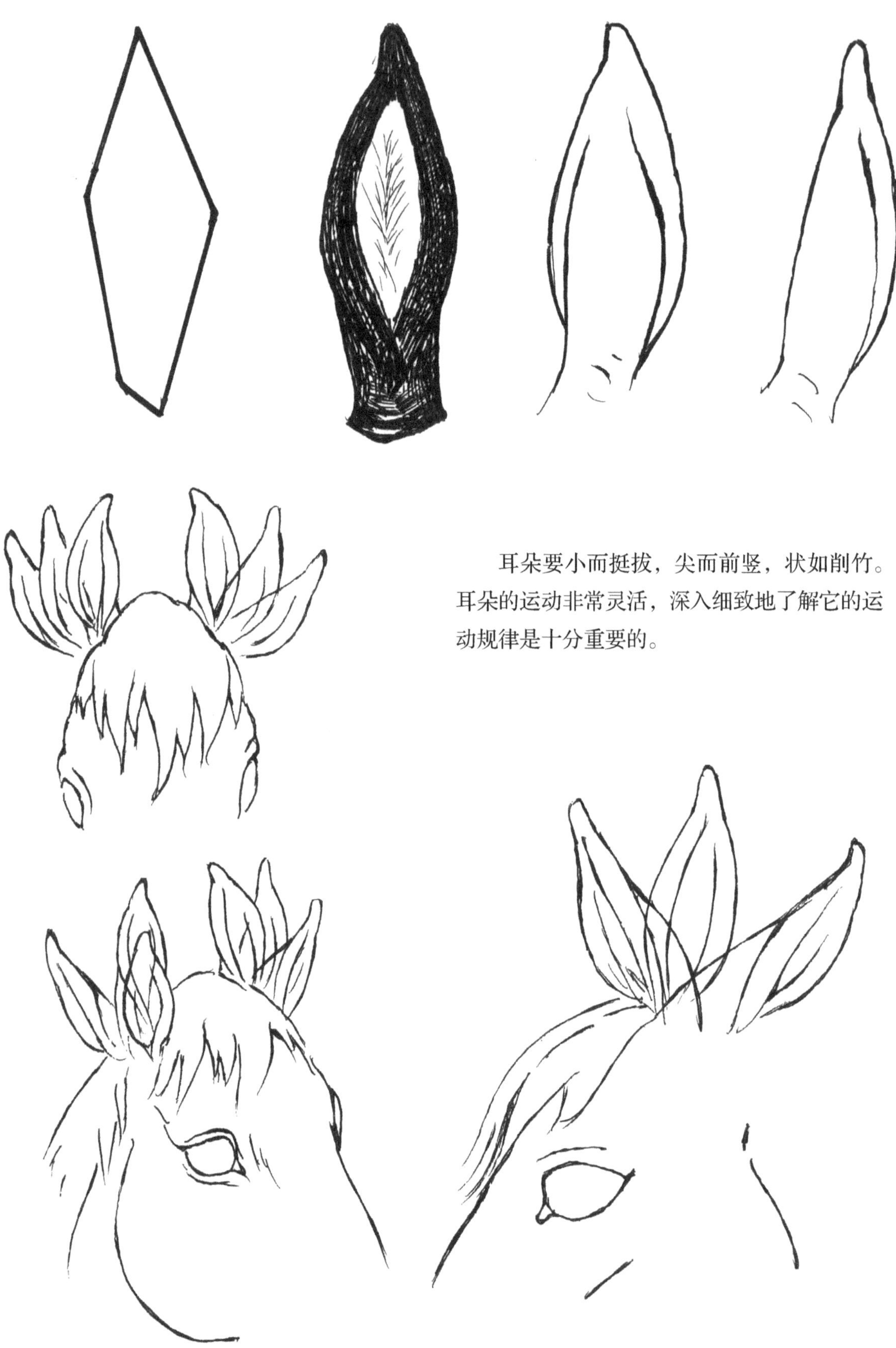

耳朵要小而挺拔，尖而前竖，状如削竹。耳朵的运动非常灵活，深入细致地了解它的运动规律是十分重要的。

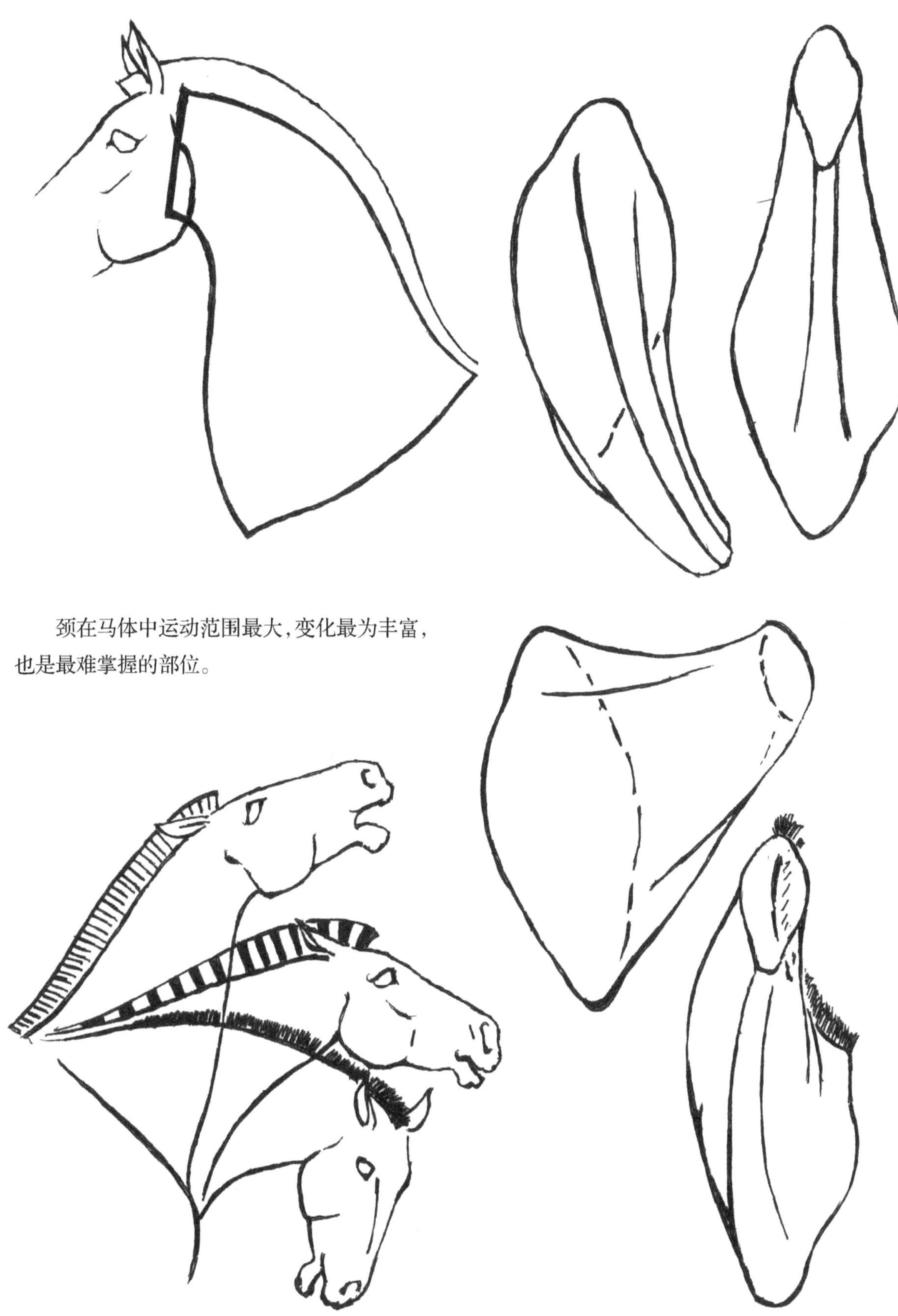

颈在马体中运动范围最大，变化最为丰富，
也是最难掌握的部位。

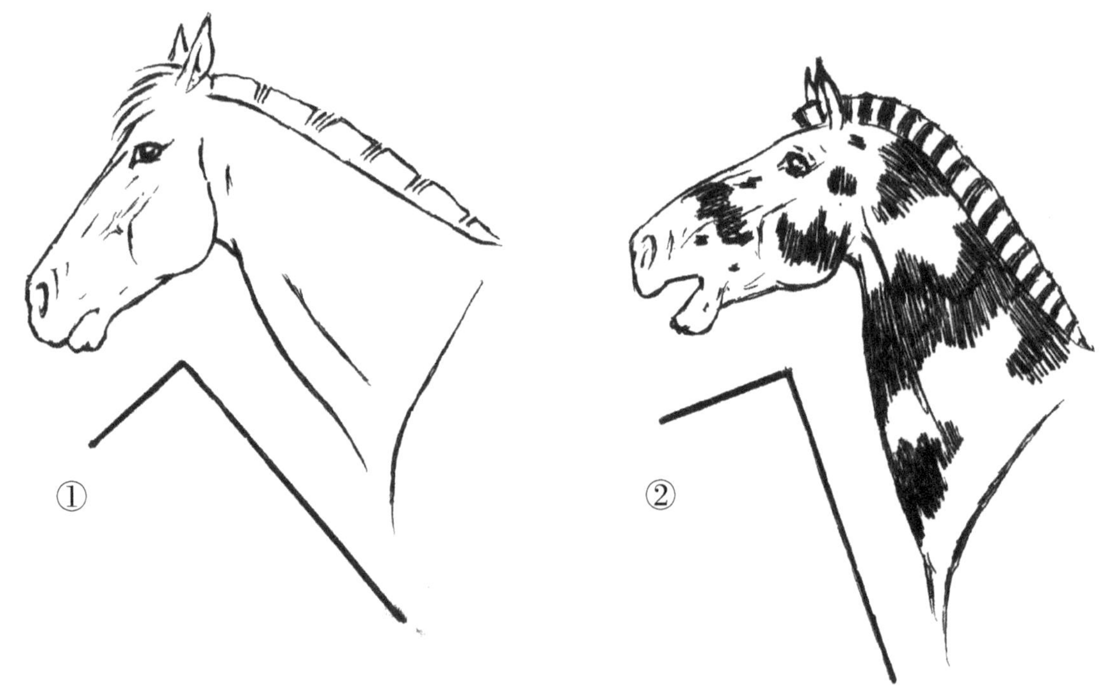

马的颈部区别：

① 直颈，颈的上下边缘都较直。

② 鹿颈，颈的上缘凹，下缘凸，头高昂。

③ 鹤颈，接近头部的部位凸起，下缘凹。

④ 脂颈，下缘较直，上缘肥厚而上凸。

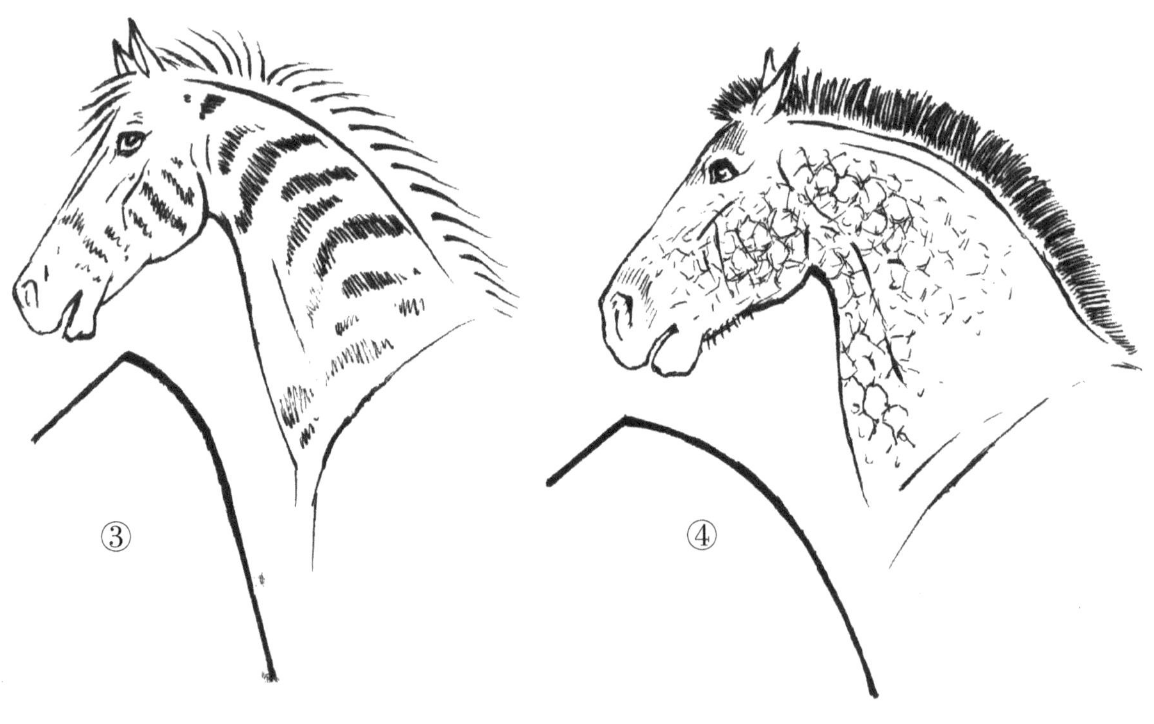

颈部的扩张使其饱满，达到画马艺术的需要。

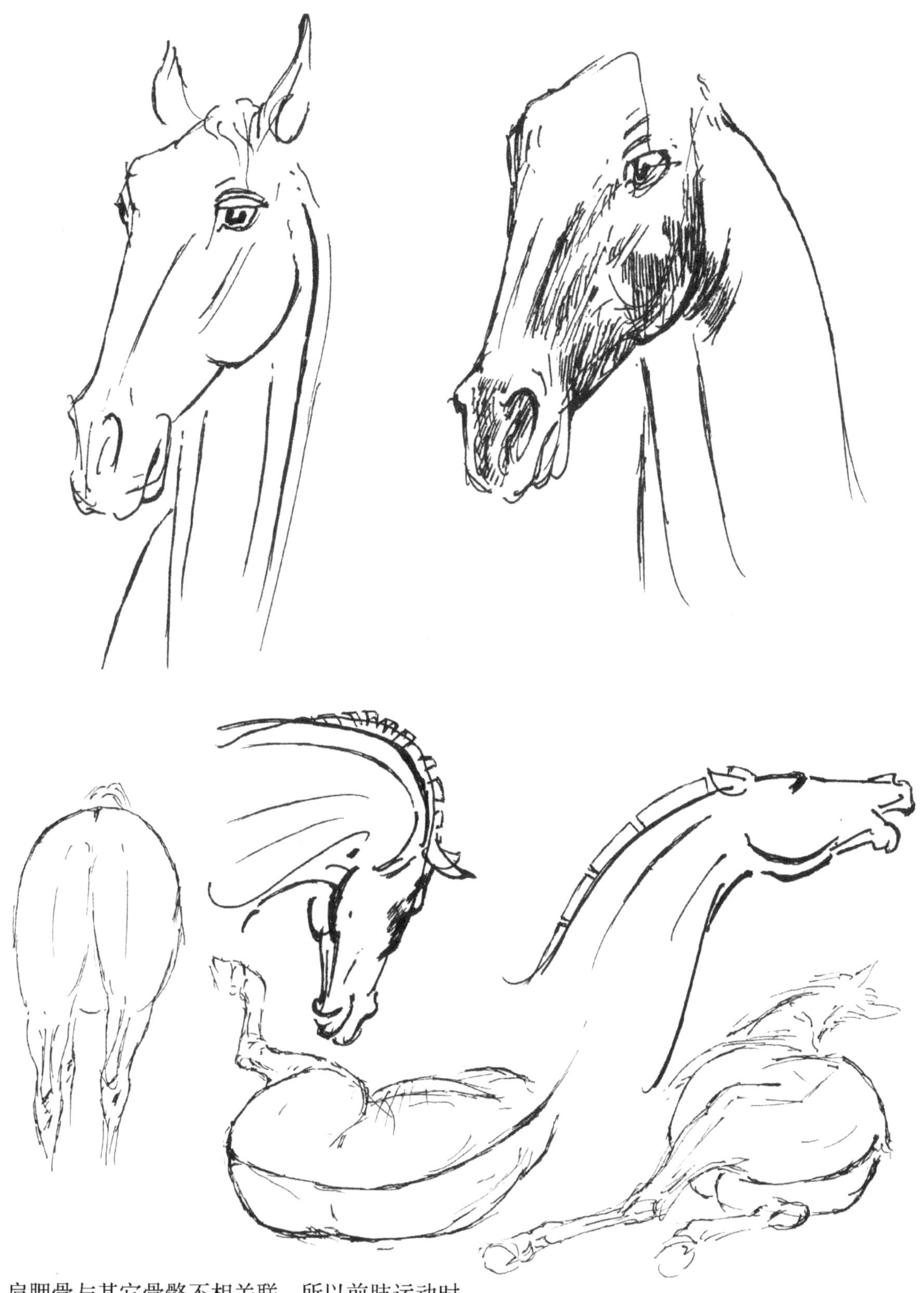

肩胛骨与其它骨骼不相关联，所以前肢运动时必然会产生形态的变化。

　　四肢的练习。马的四肢支撑身体，负担体重并
使马产生运动，所以画四肢要结构准确，肌腱鲜明
坚硬，关节强劲，蹄质坚实，如此才能表现出马的
强悍。

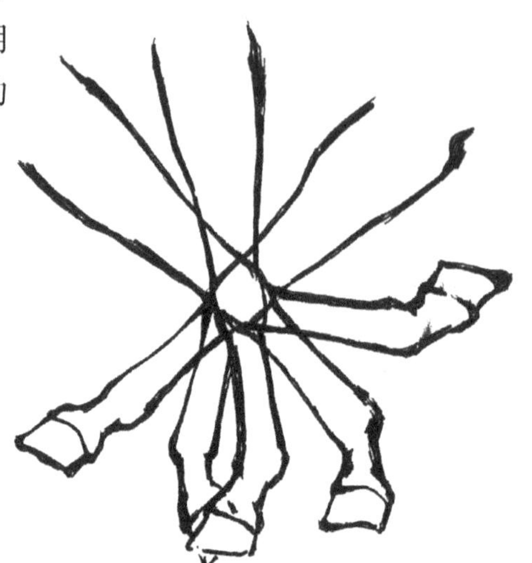

　　马的前肢运动规律。

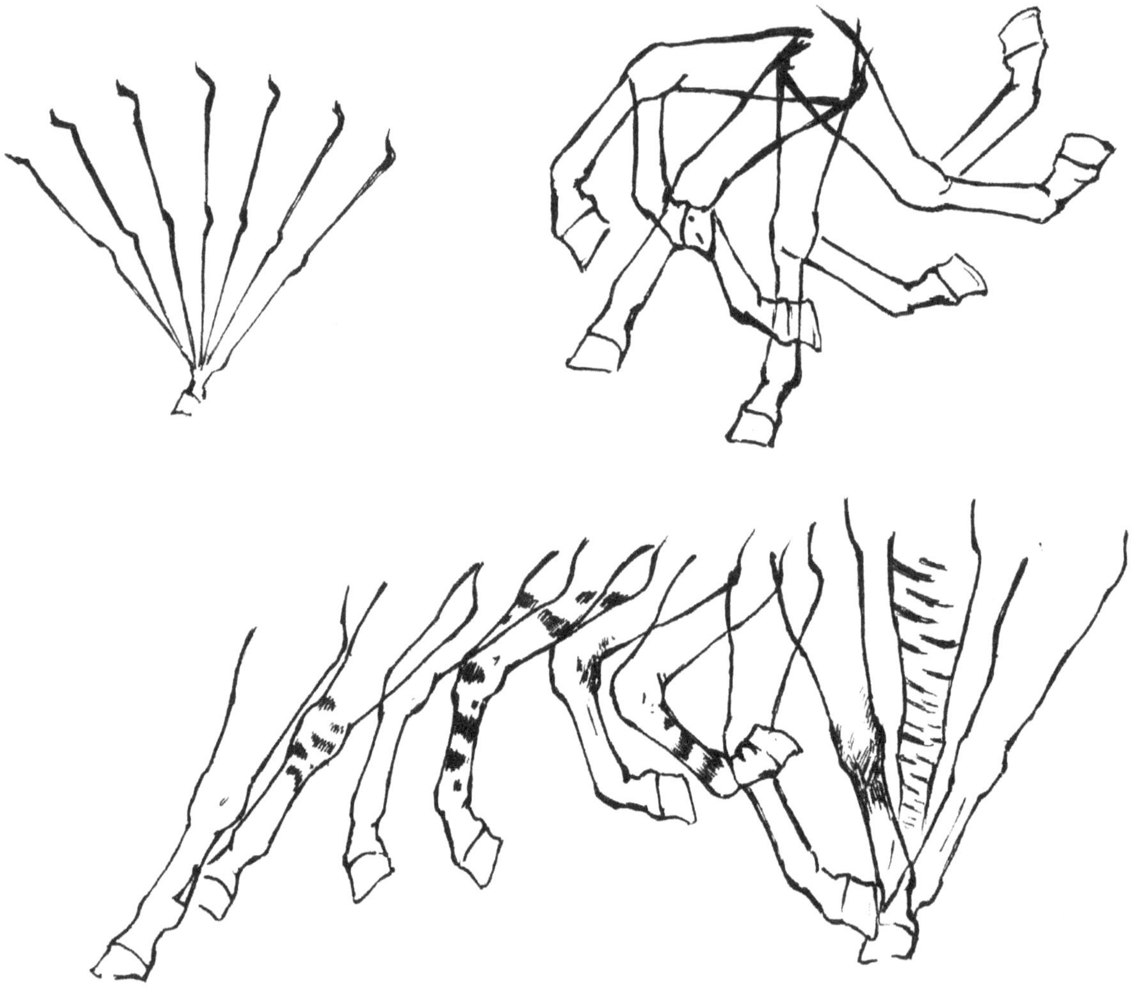

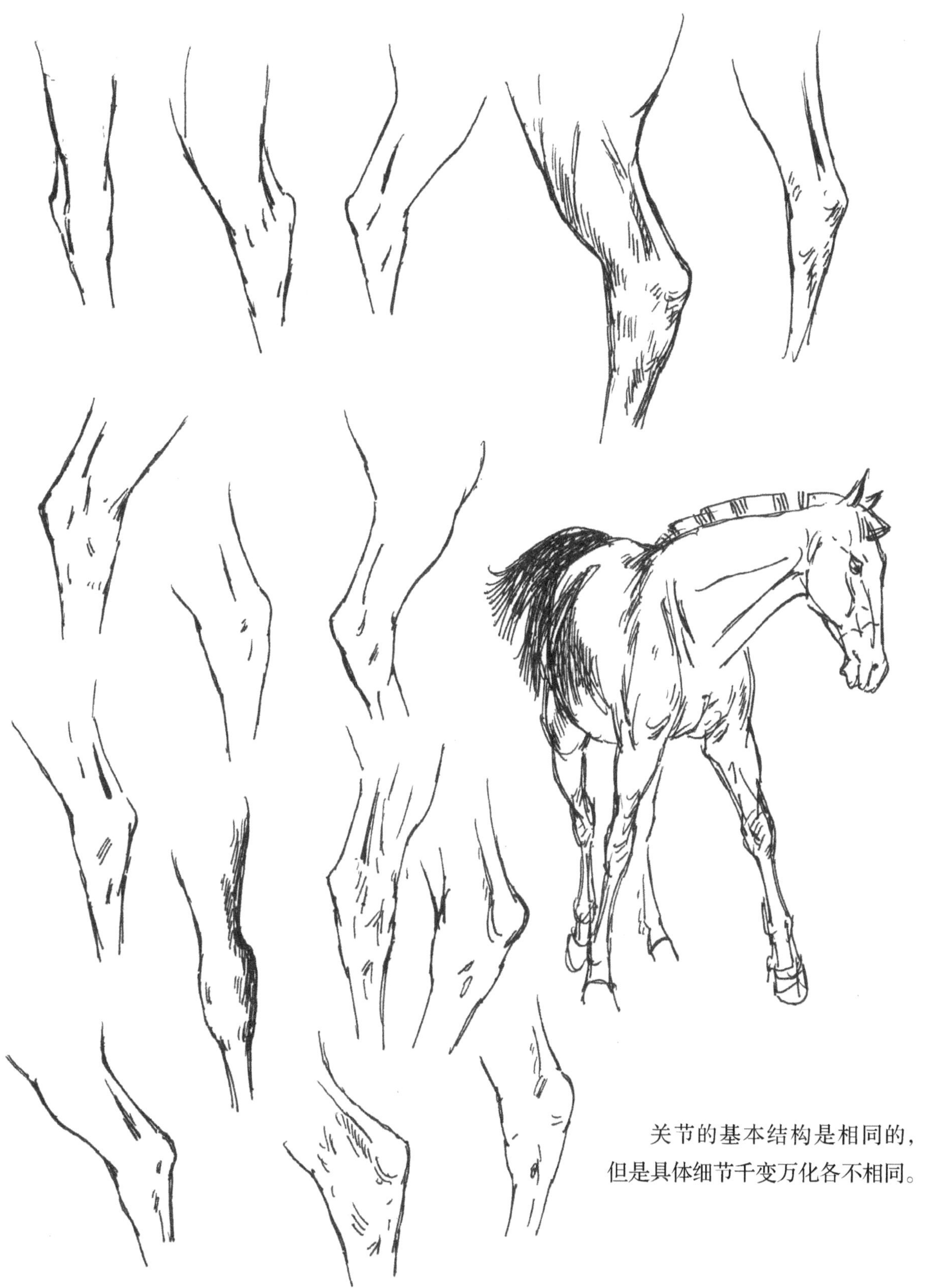

关节的基本结构是相同的，
但是具体细节千变万化各不相同。

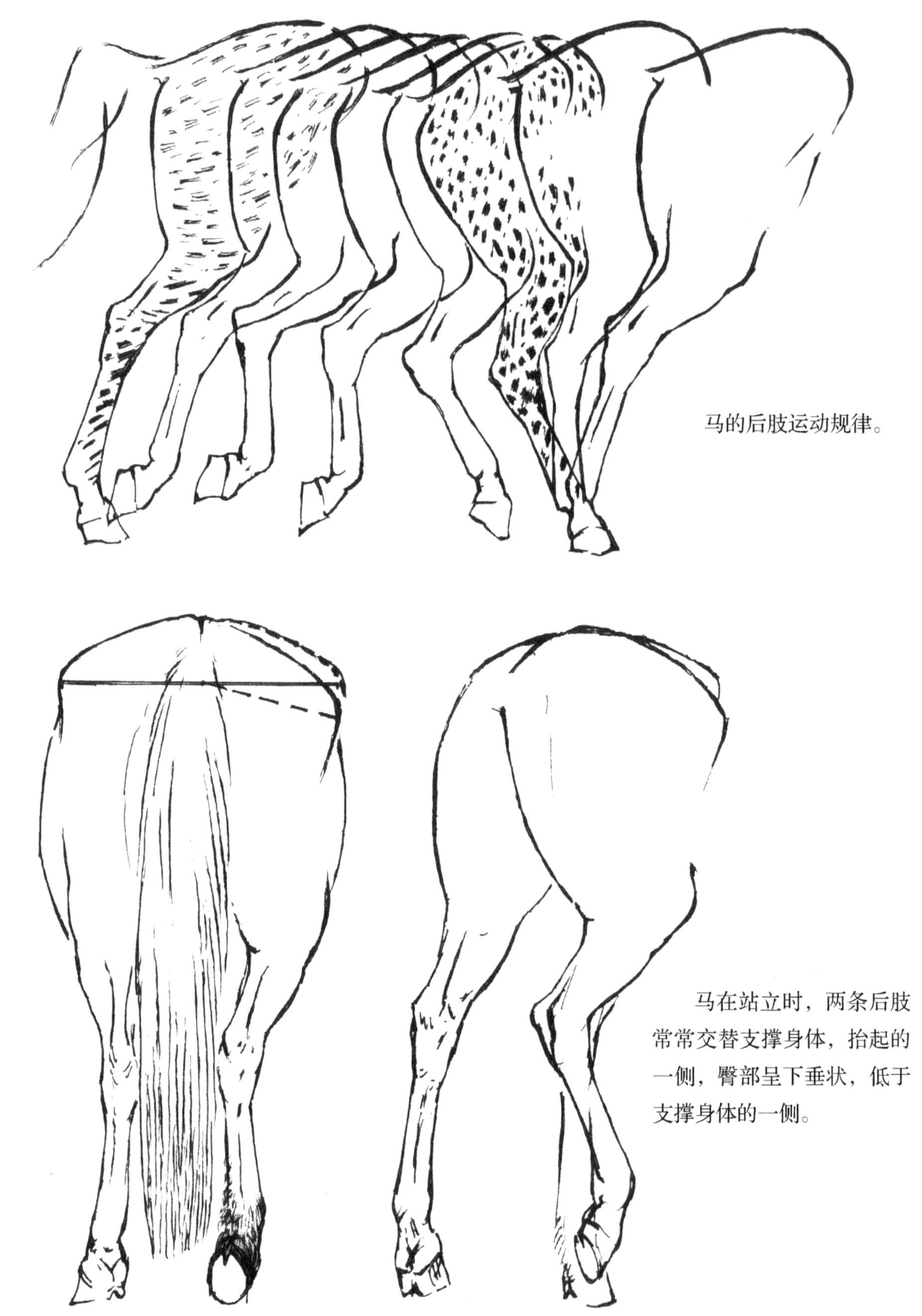

马的后肢运动规律。

马在站立时，两条后肢常常交替支撑身体，抬起的一侧，臀部呈下垂状，低于支撑身体的一侧。

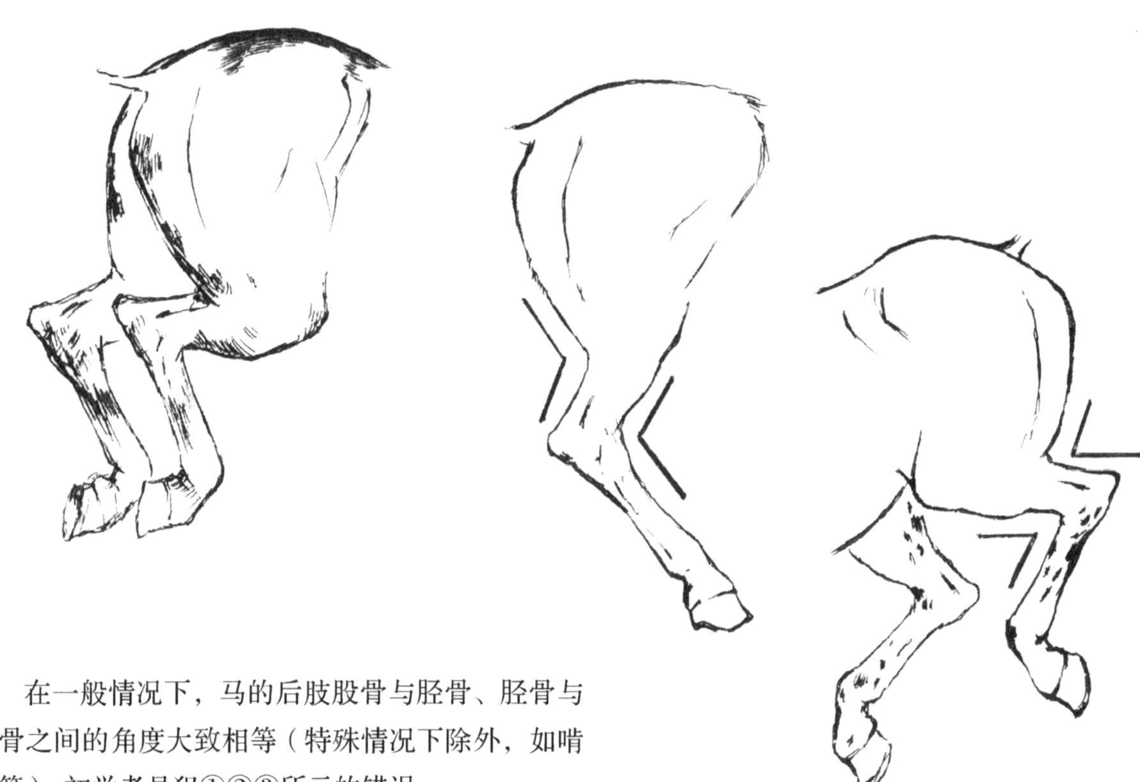

在一般情况下，马的后肢股骨与胫骨、胫骨与蹠骨之间的角度大致相等（特殊情况下除外，如啃痒等）。初学者易犯①②③所示的错误。

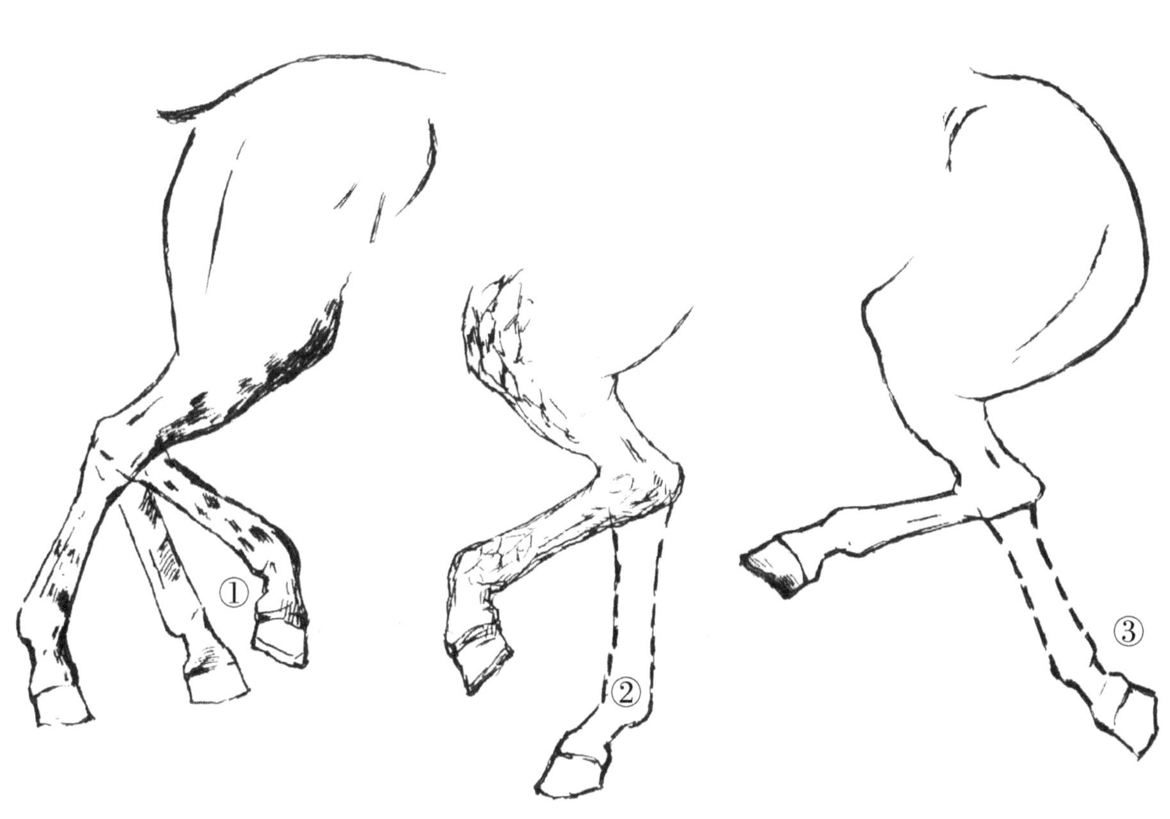

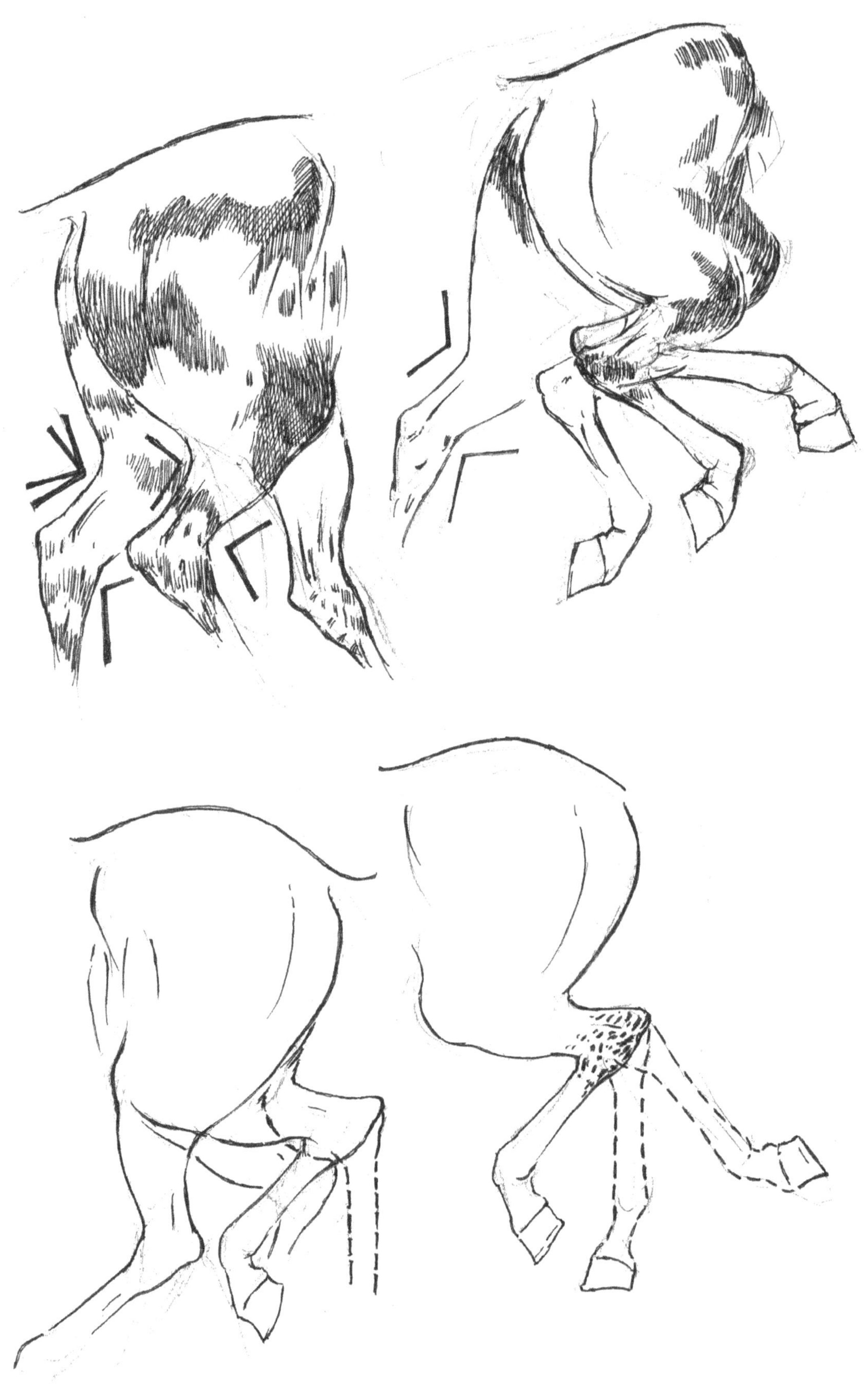

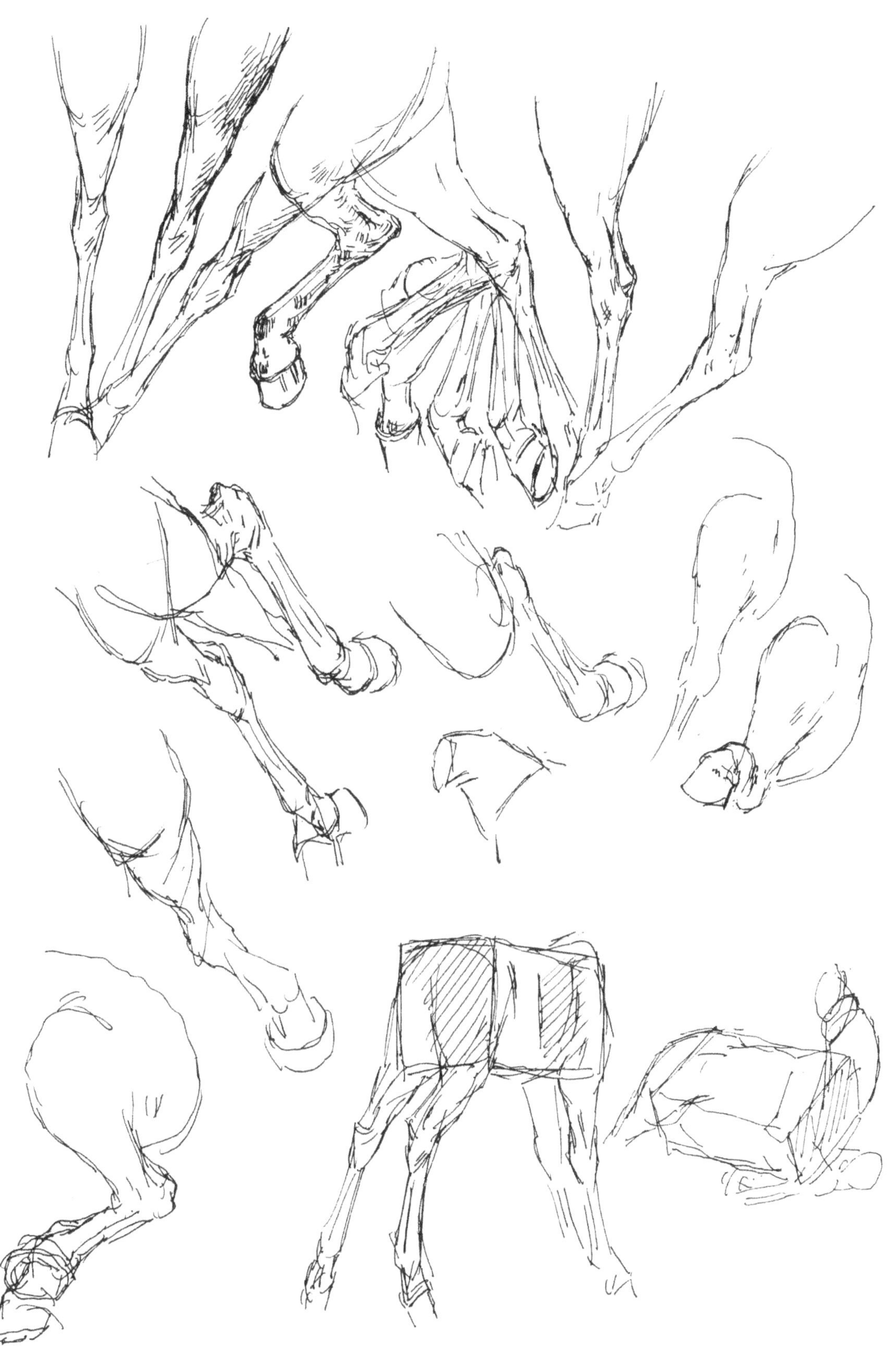

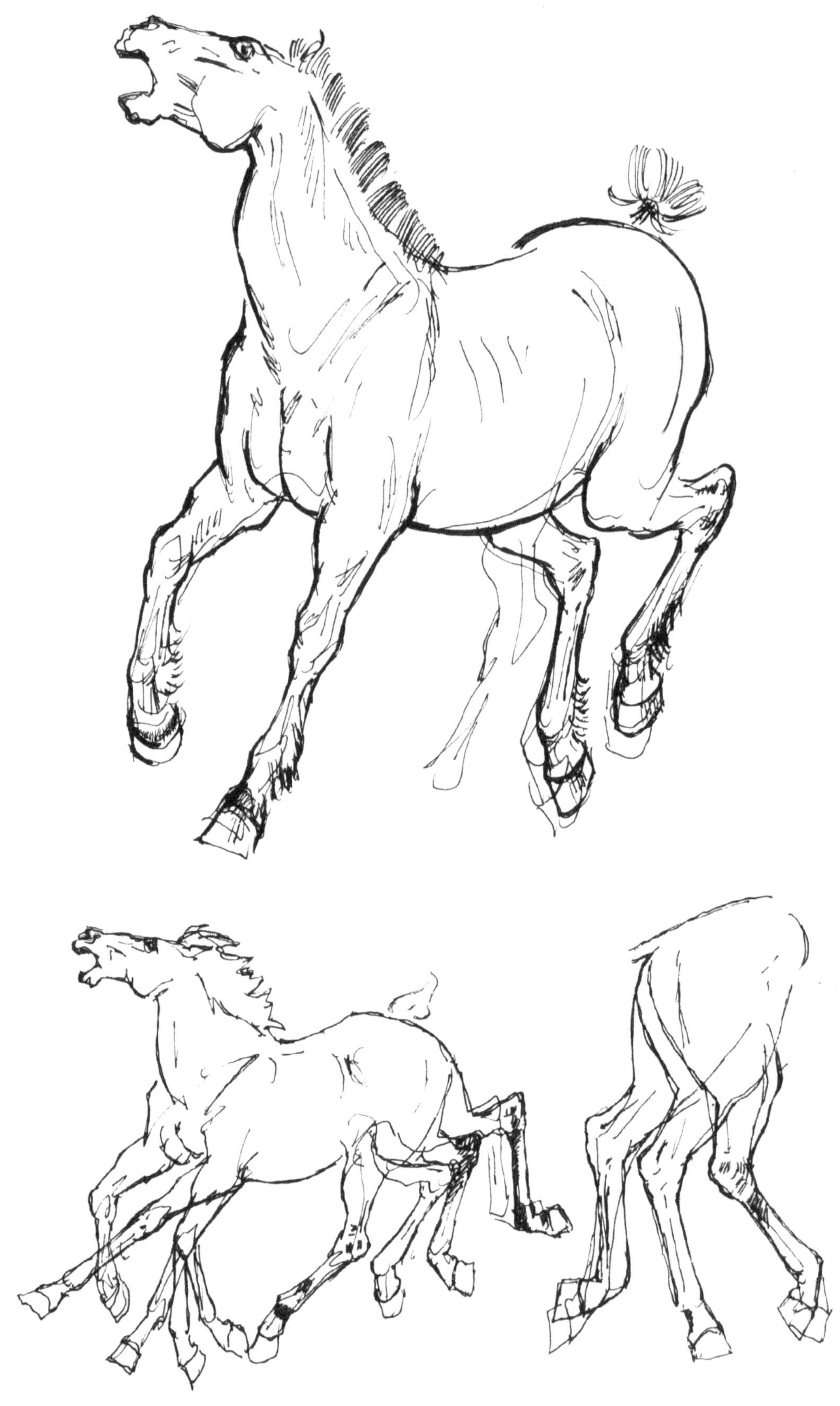

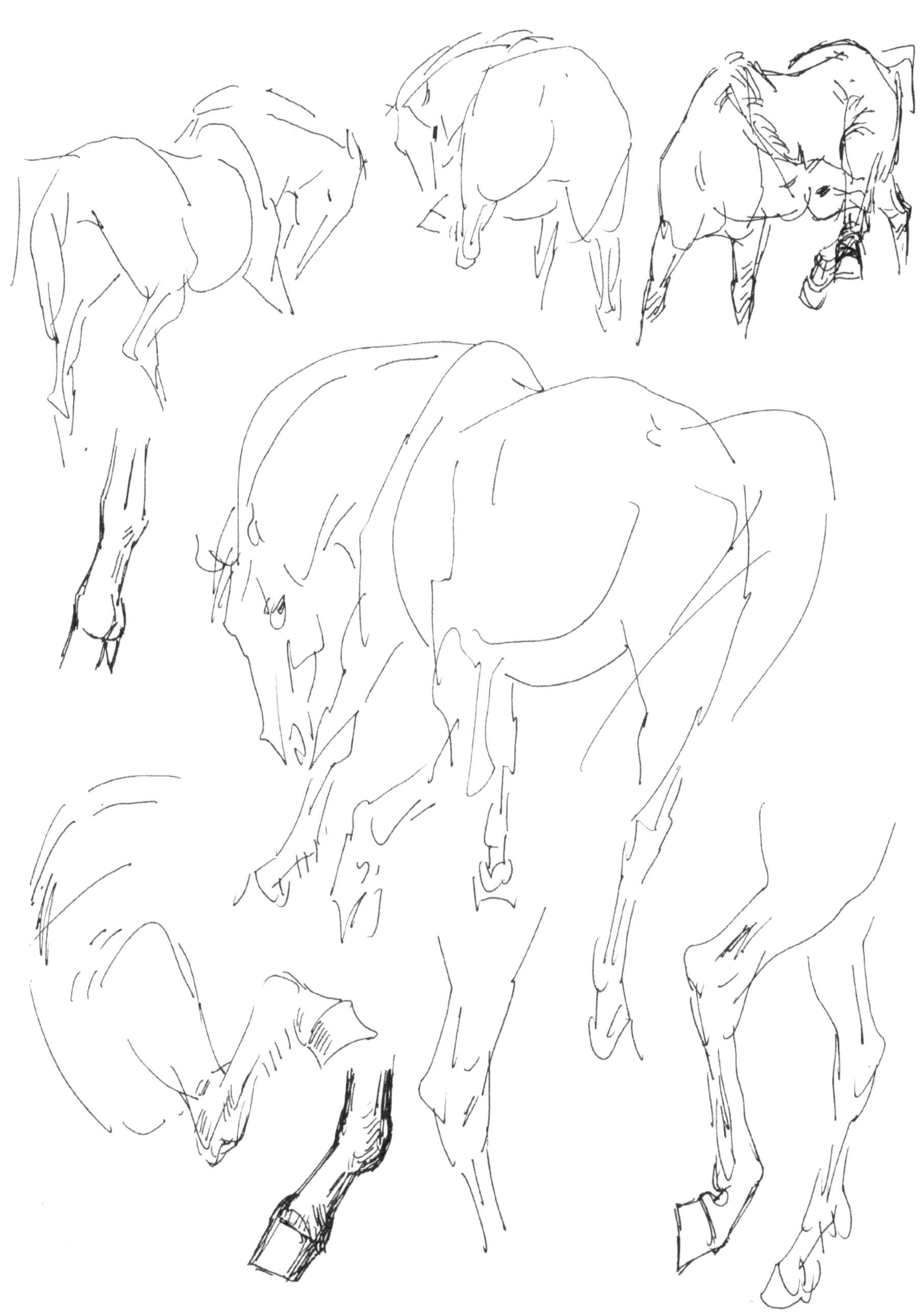

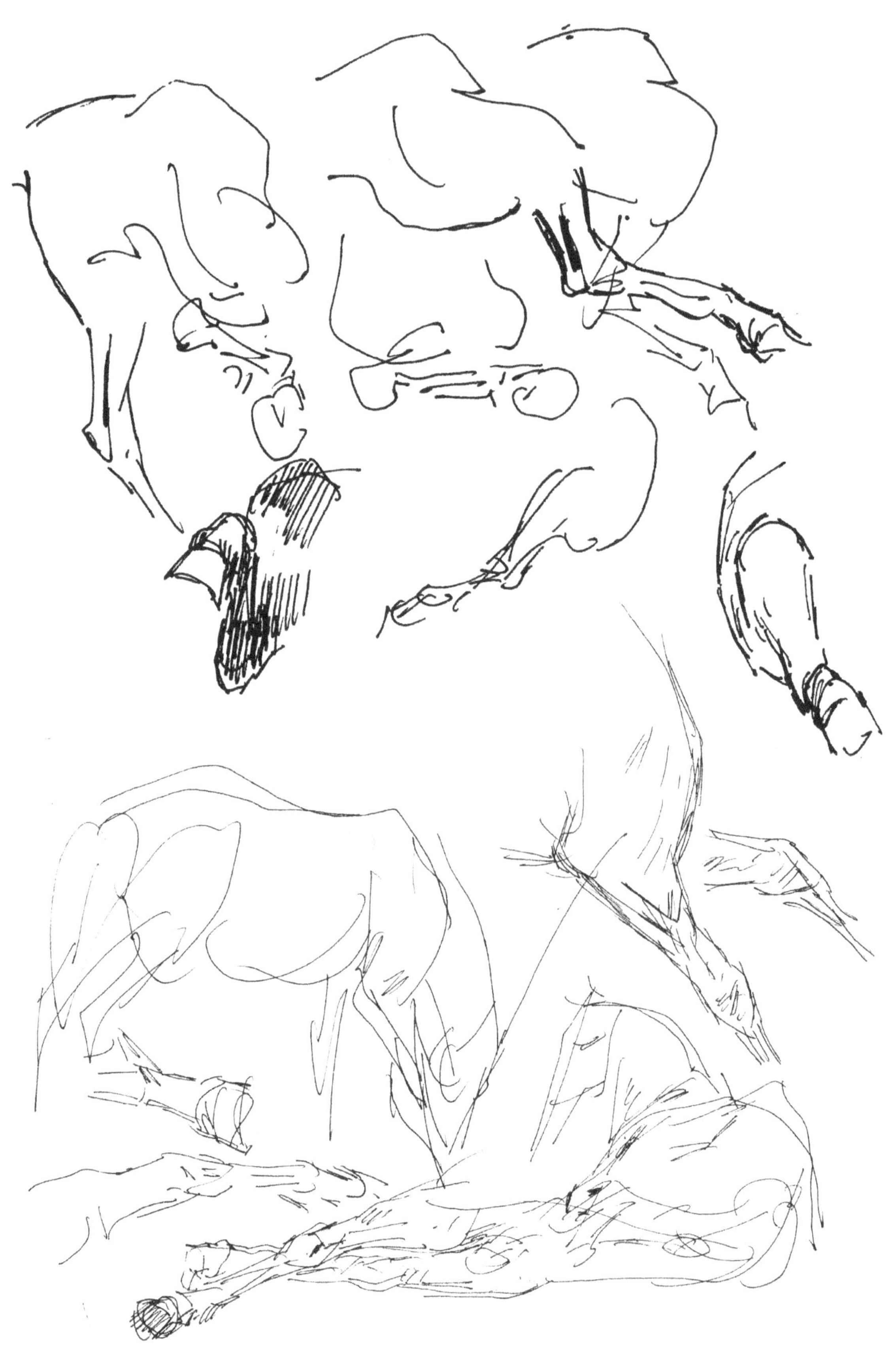

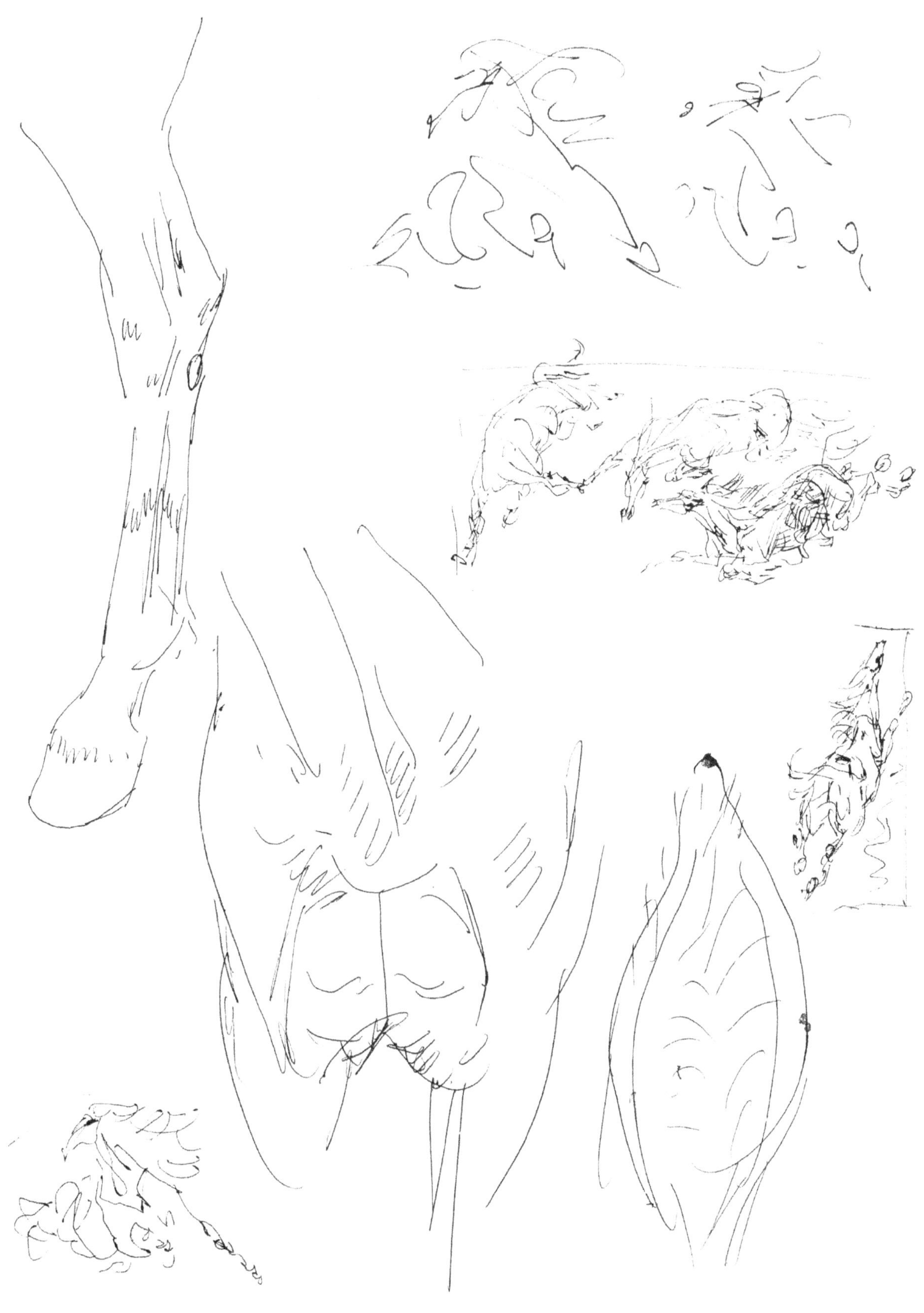

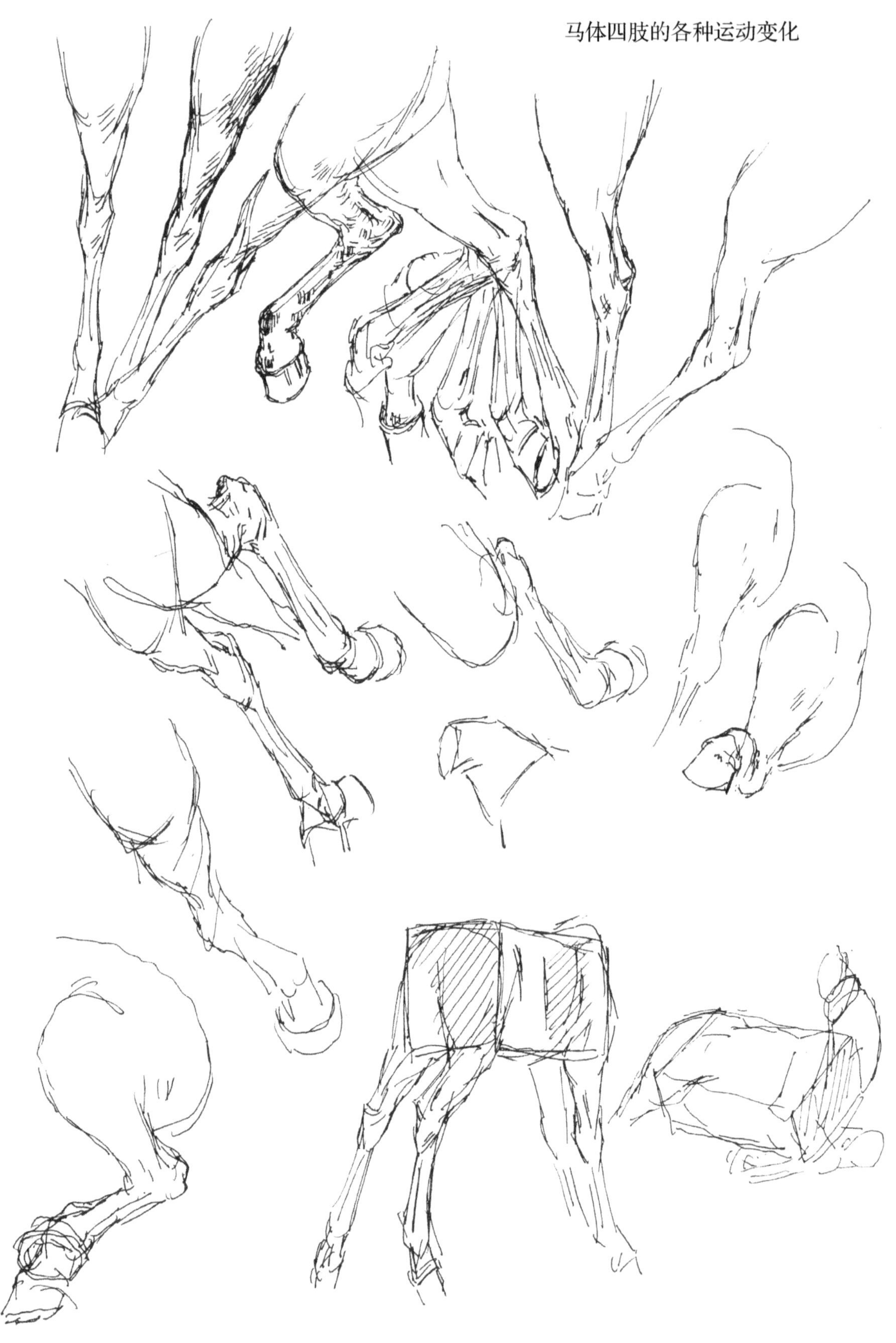

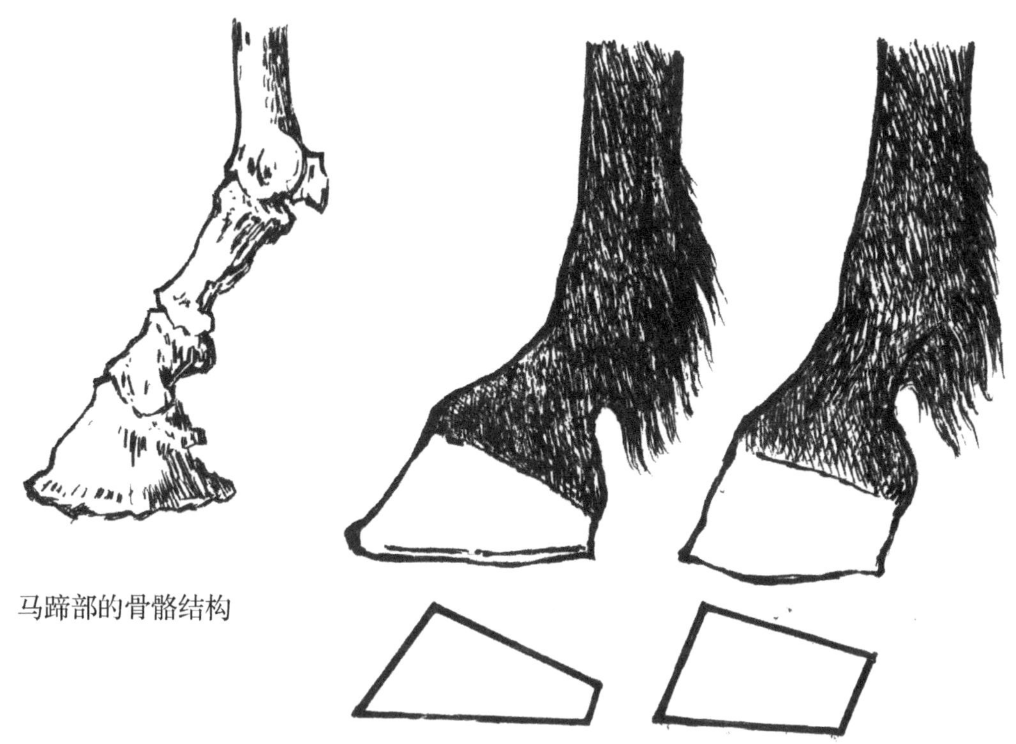

马蹄部的骨骼结构

马的前蹄与后蹄的区别

站立时蹄腕的几种角度

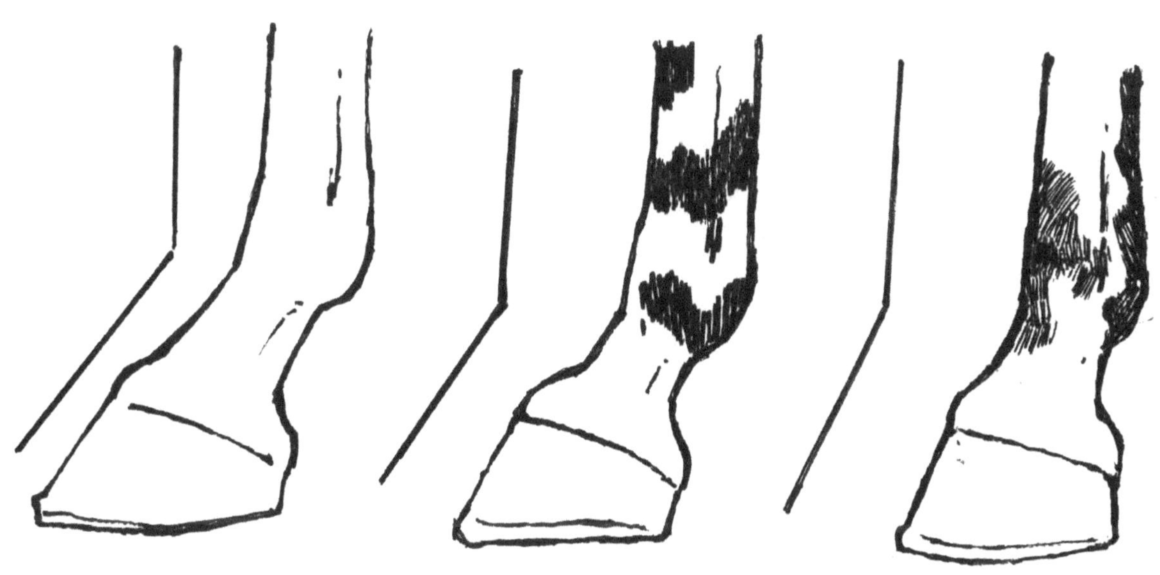

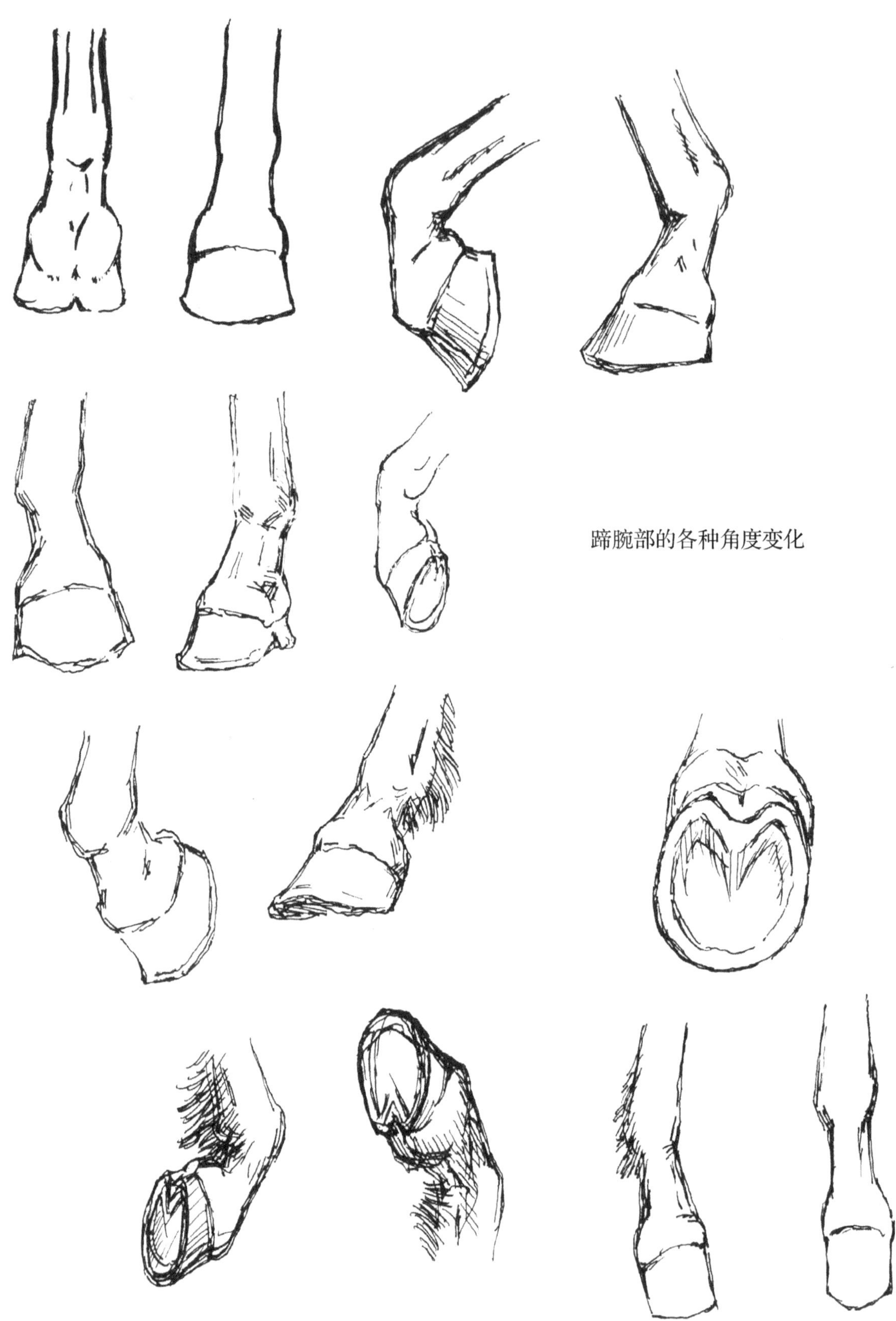

蹄腕部的各种角度变化

马的尻部的几种形态：

① 尖尻（多见于瘦马），

② 复尻（多见于肥马、
重型马），

③ 水平尻，

④ 圆尻，

⑤ 斜尻。

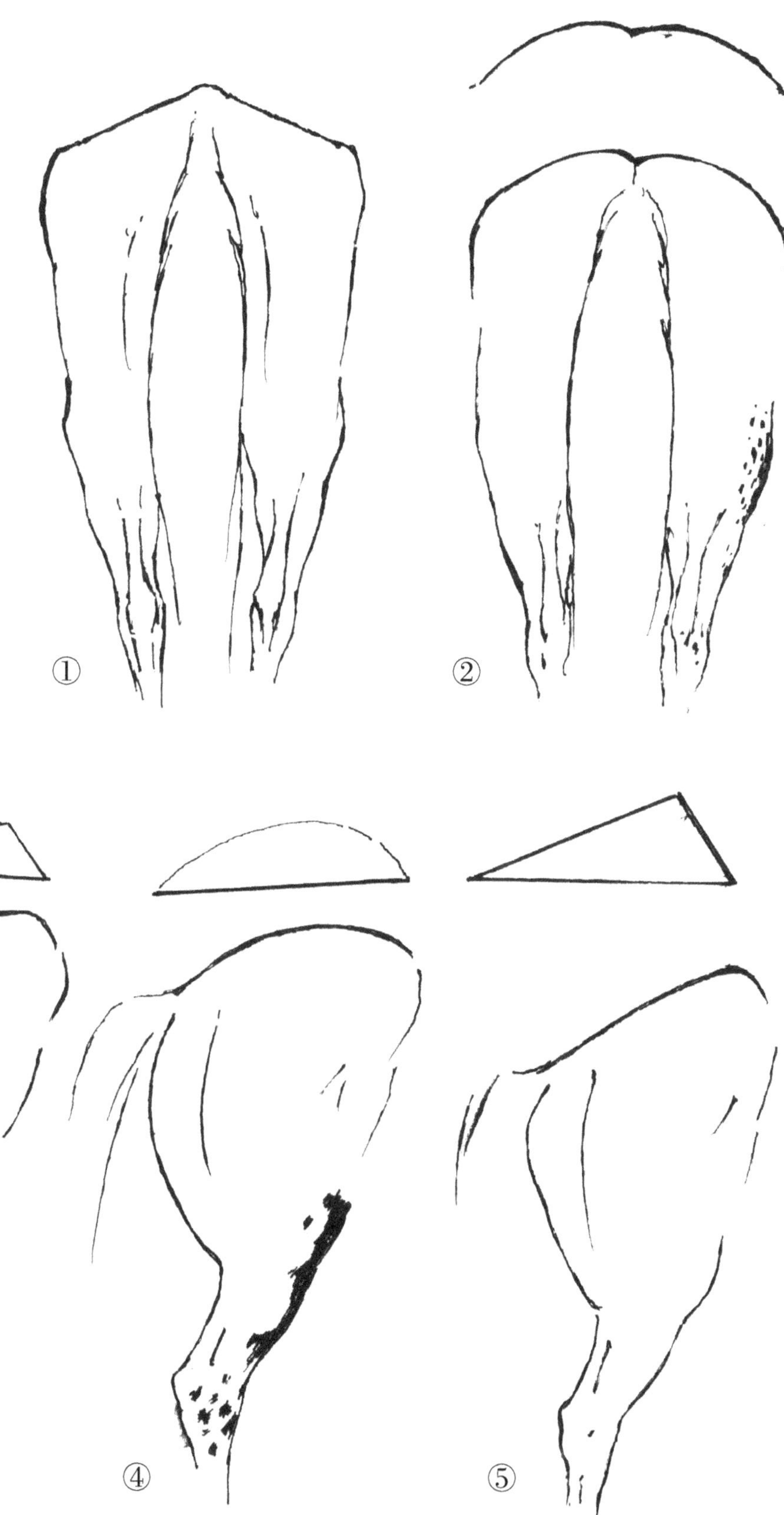

马臀部的这块高耸
的凸起，我们在写生时
就要将其弱化。

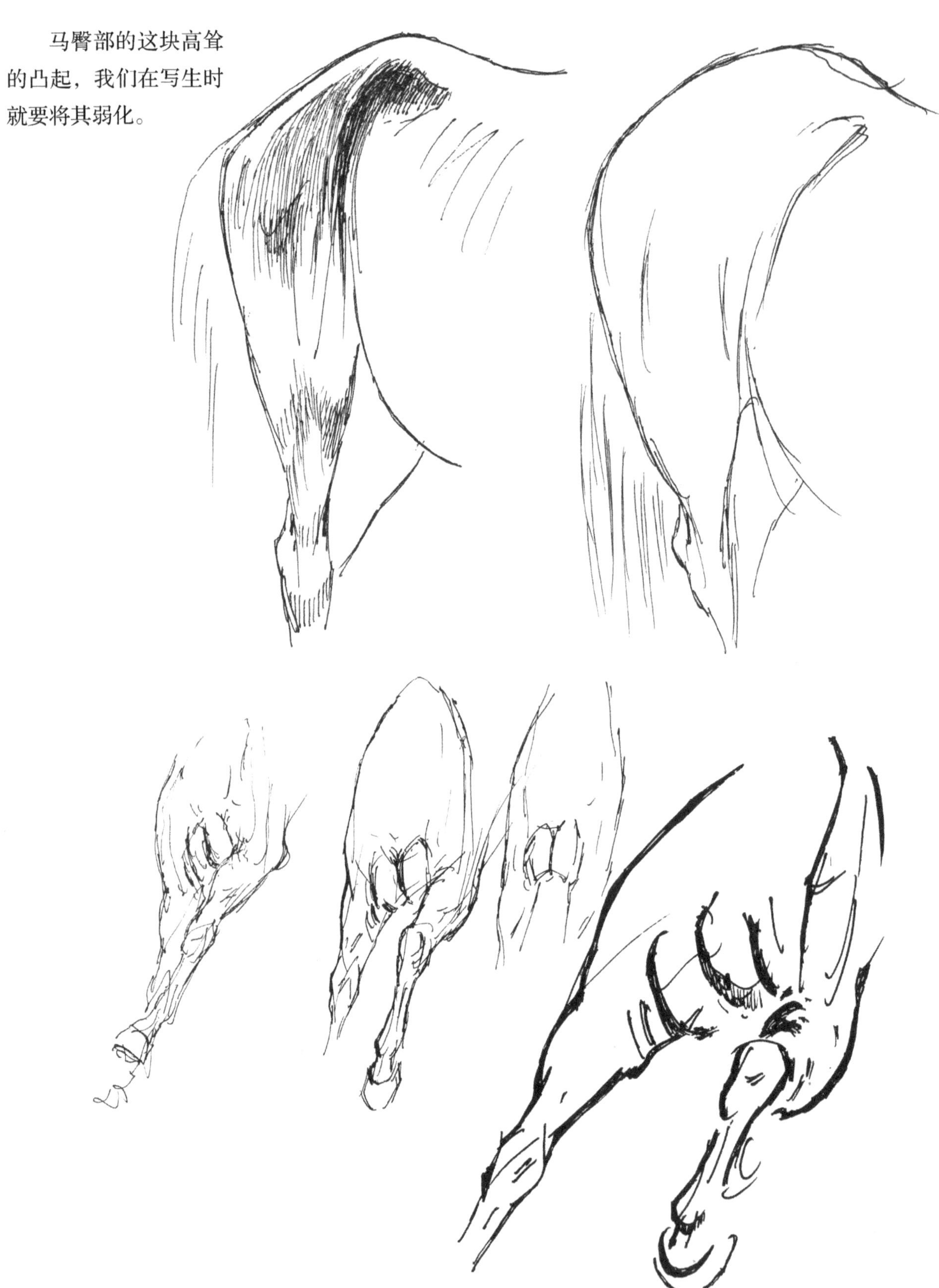

从此图可以看出，尻部两个髋结节之间是马体最宽的部位。

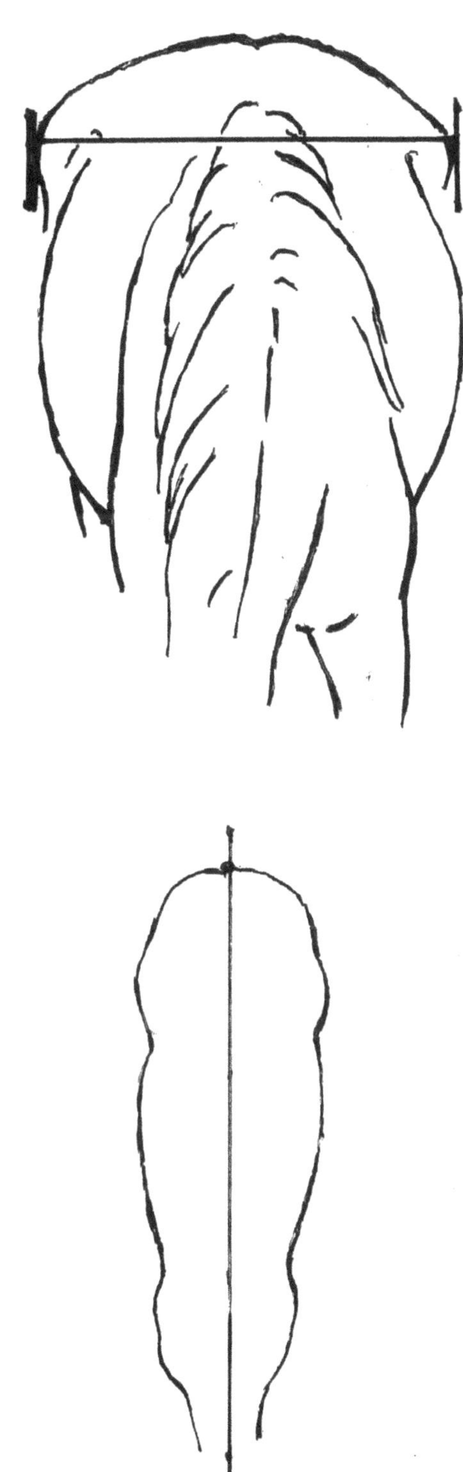

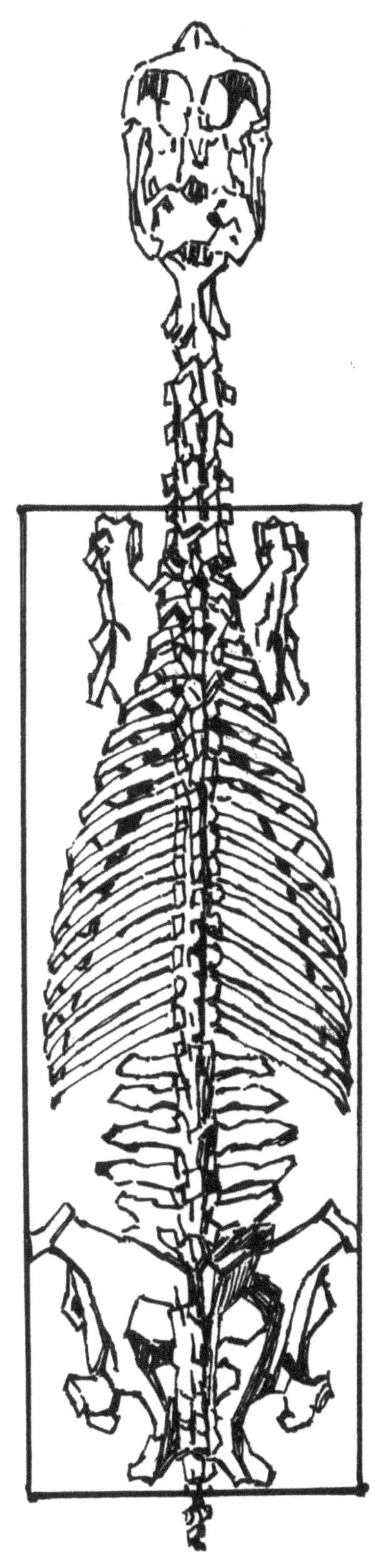

八、速写马的一般方法

（一）逐步深入法

1. 用浅淡的直线画出大体轮廓。

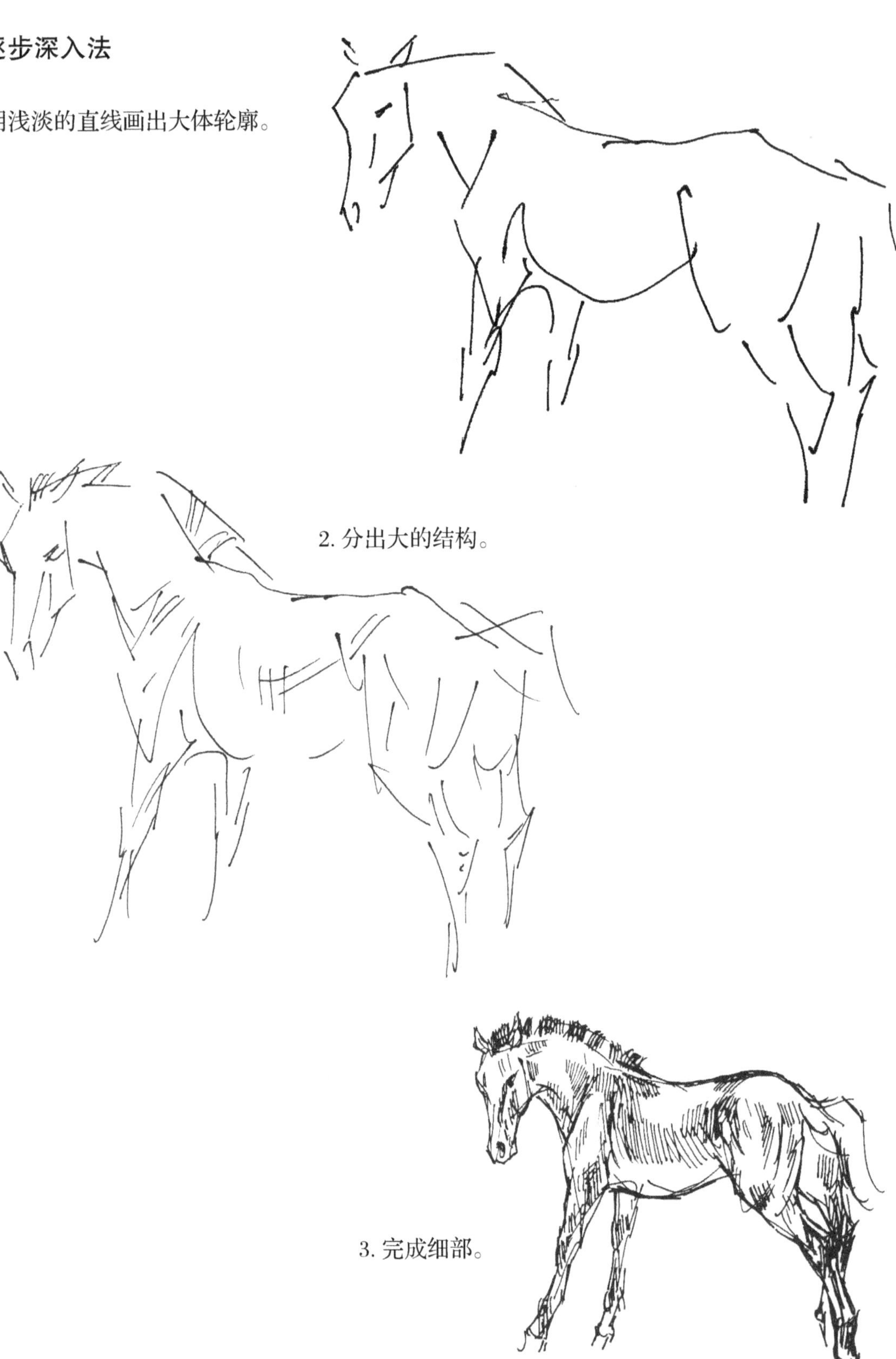

2. 分出大的结构。

3. 完成细部。

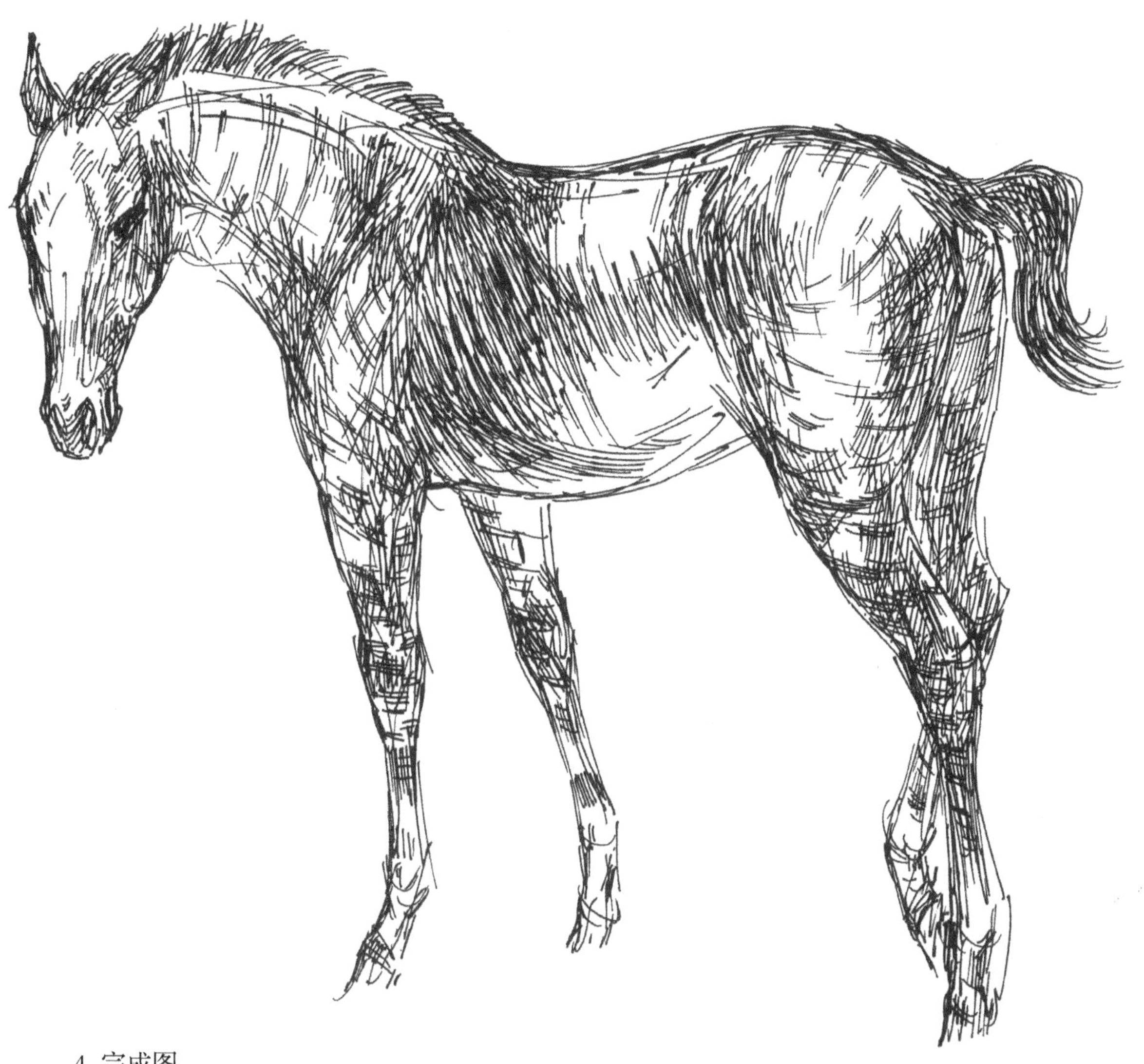

4. 完成图。

　　初学者往往面对马时感到无从下手，不知道如何选择一个关键部位下笔。有经验的画家常常从肩部画起。为什么会选择肩部作为第一笔呢？因为这个部位决定了马在图中的位置，向前可以拓展颈、前肢，向后可以延伸腹、臀、后肢。

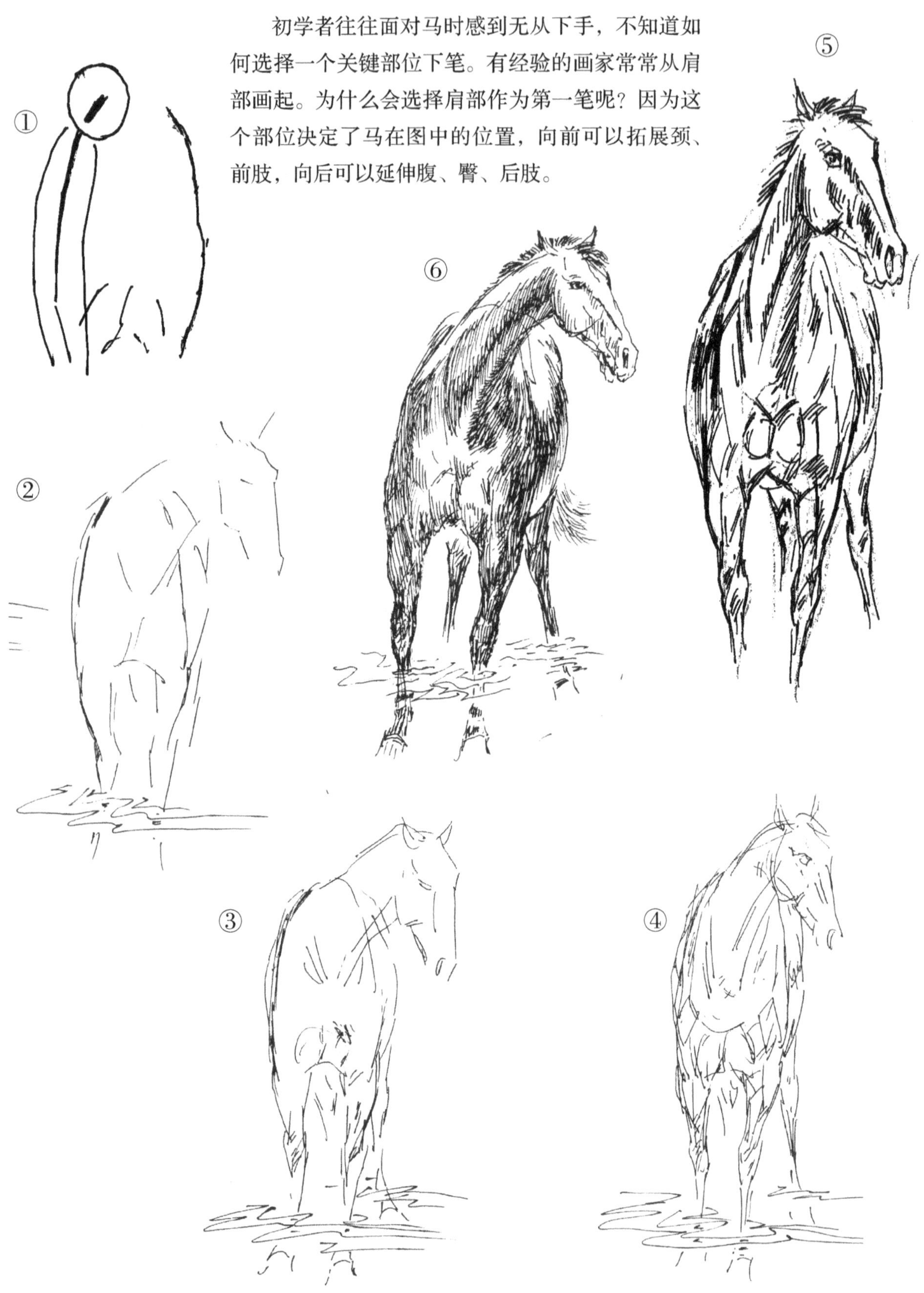

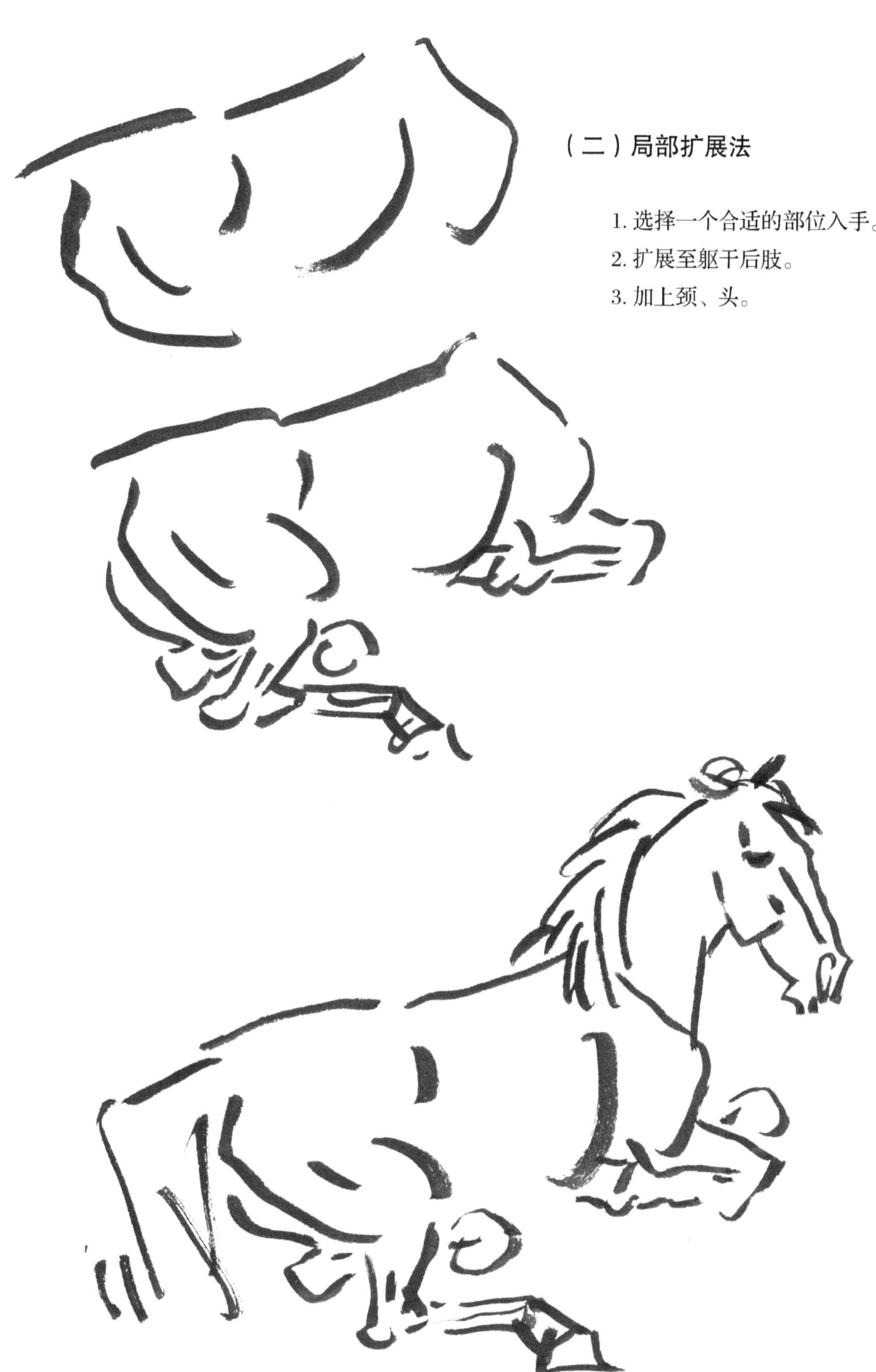

（二）局部扩展法

1.选择一个合适的部位入手。
2.扩展至躯干后肢。
3.加上颈、头。

（三）从静态到动态

　　初学者可以选择一些饮水、休息、吃草等静态的马进行练习。随着对马体的了解和技巧的提高，逐步选择一些动态的马，如啃痒、嬉戏、行走等动作进行练习。待技巧达到一定程度后，则可选择一些奔跑、搏斗、翻滚等激烈运动的马进行练习。

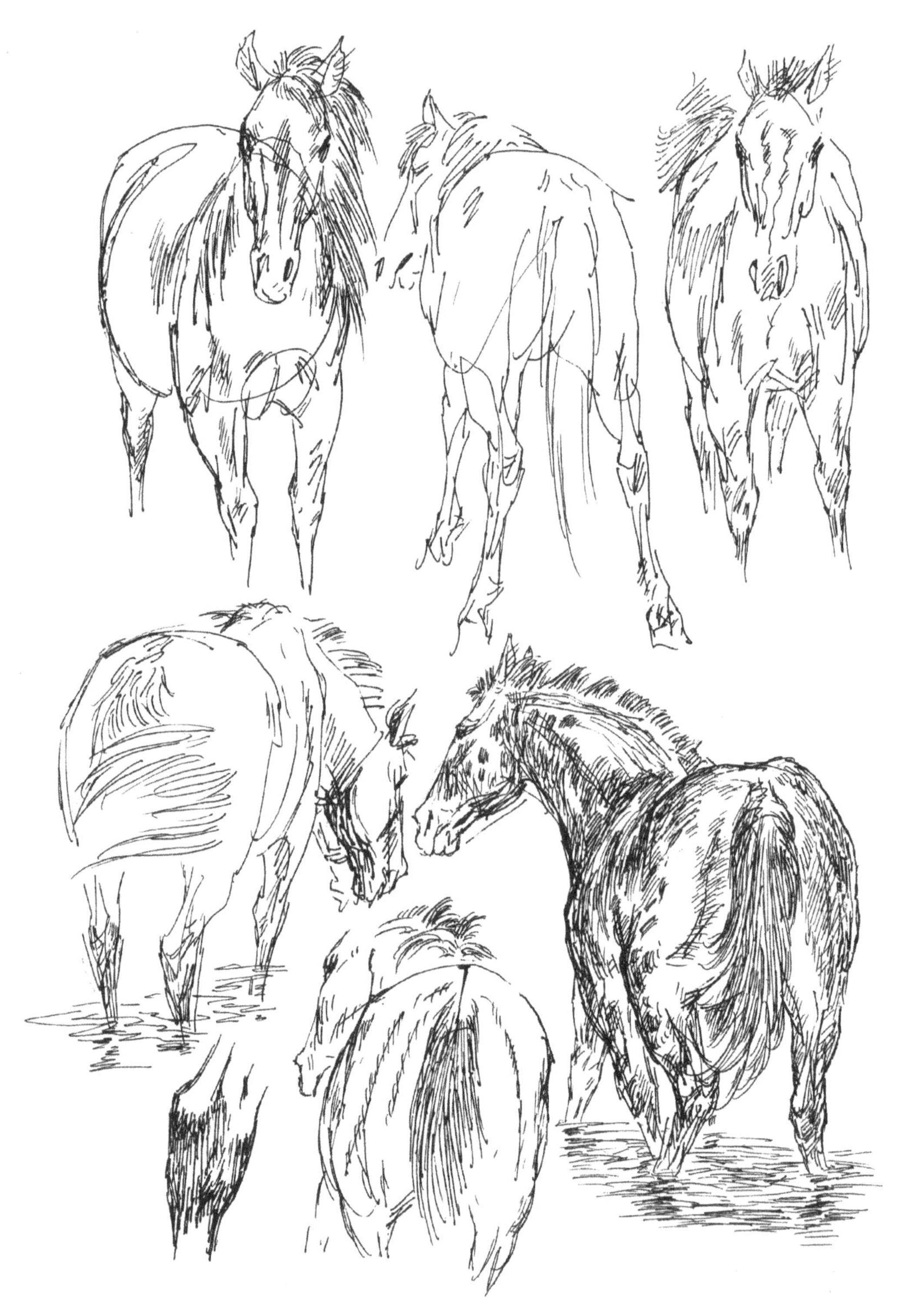

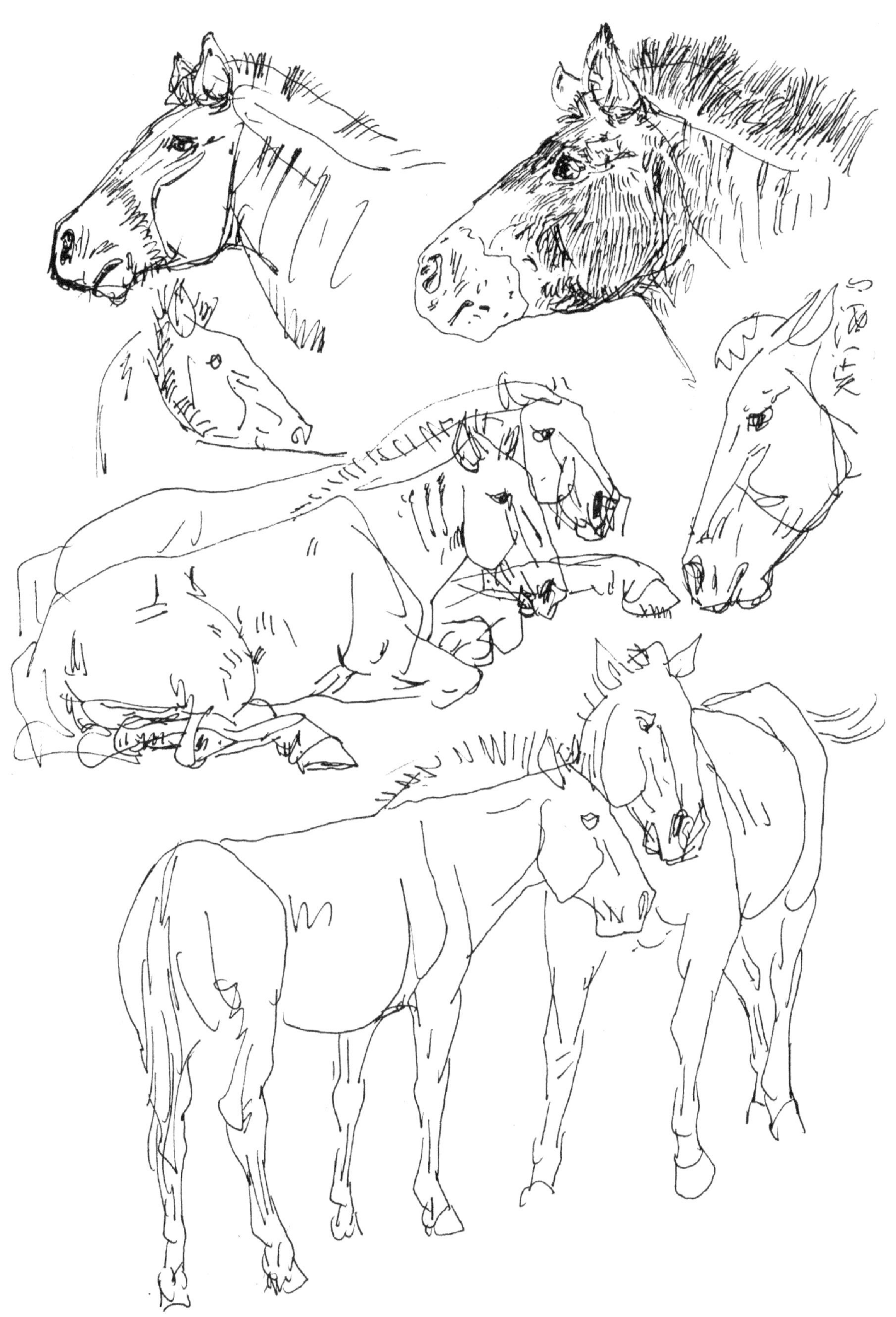

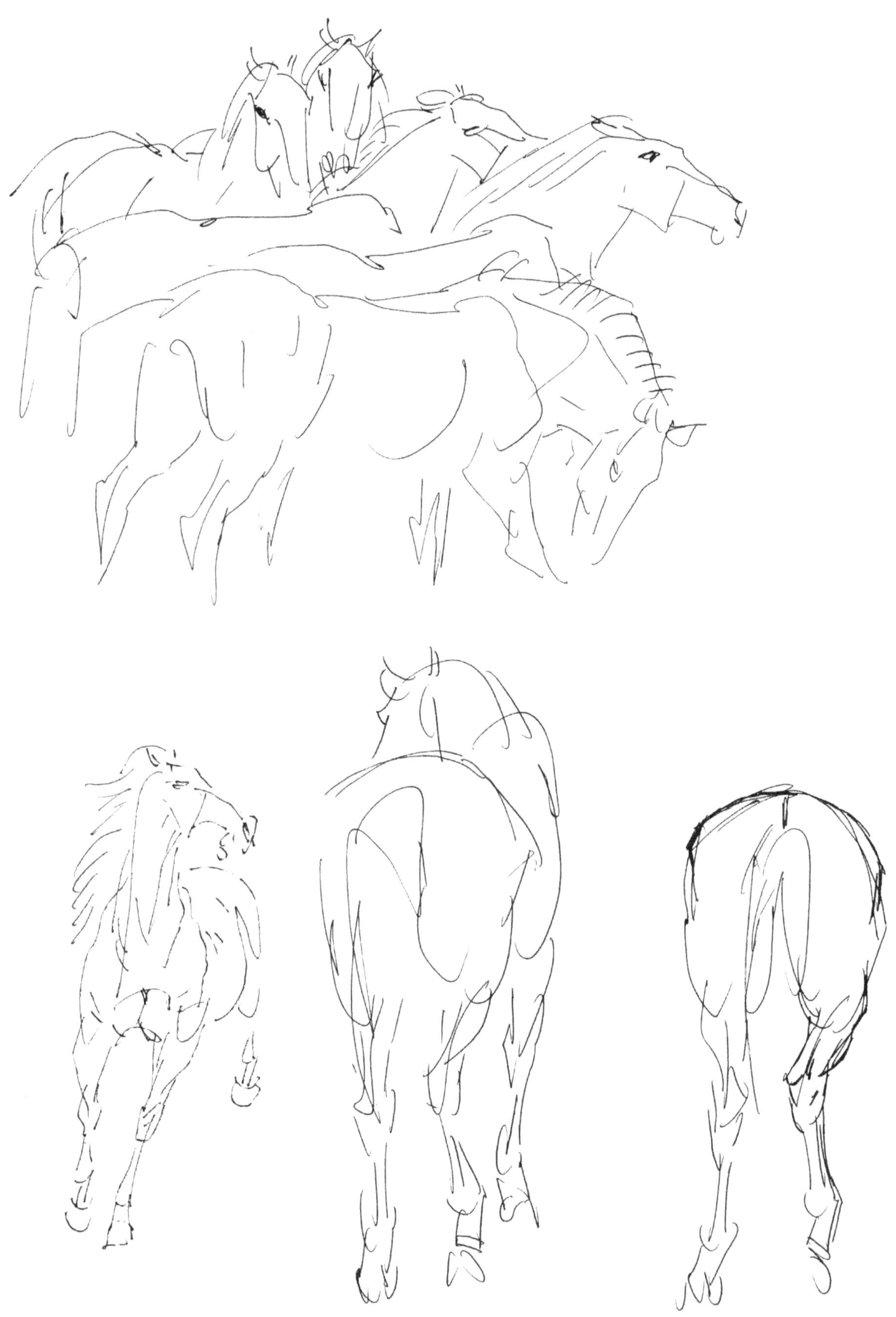

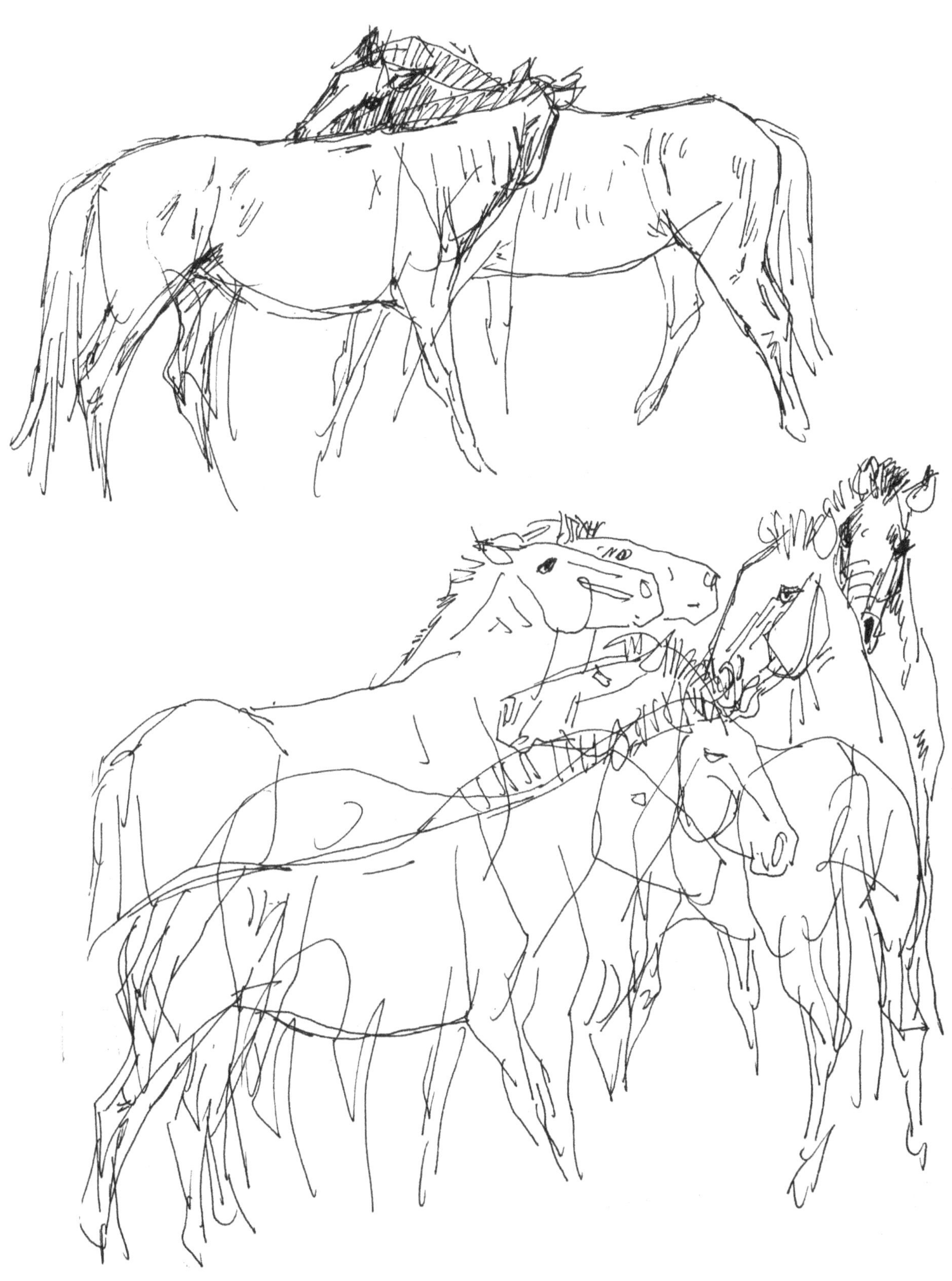

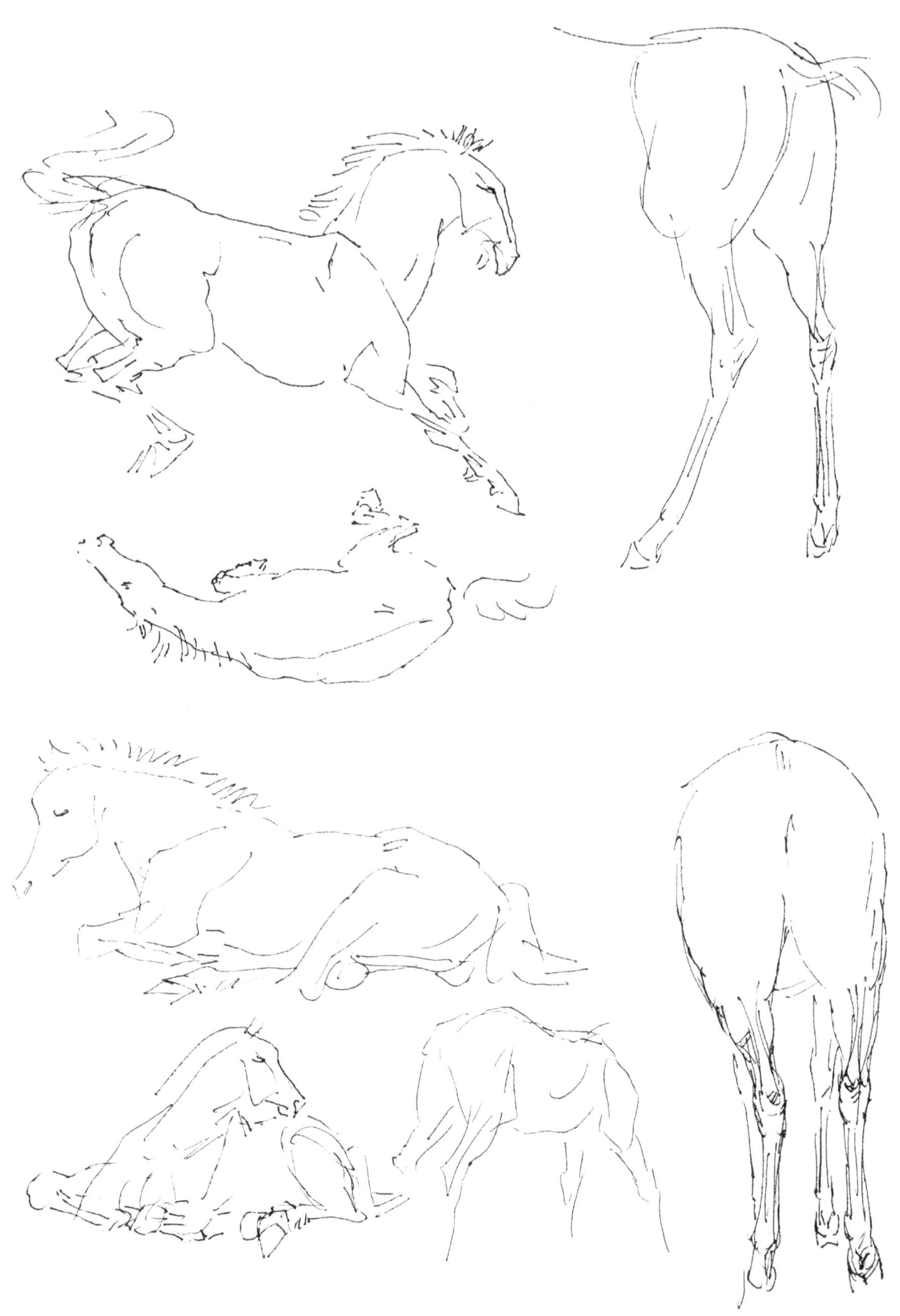

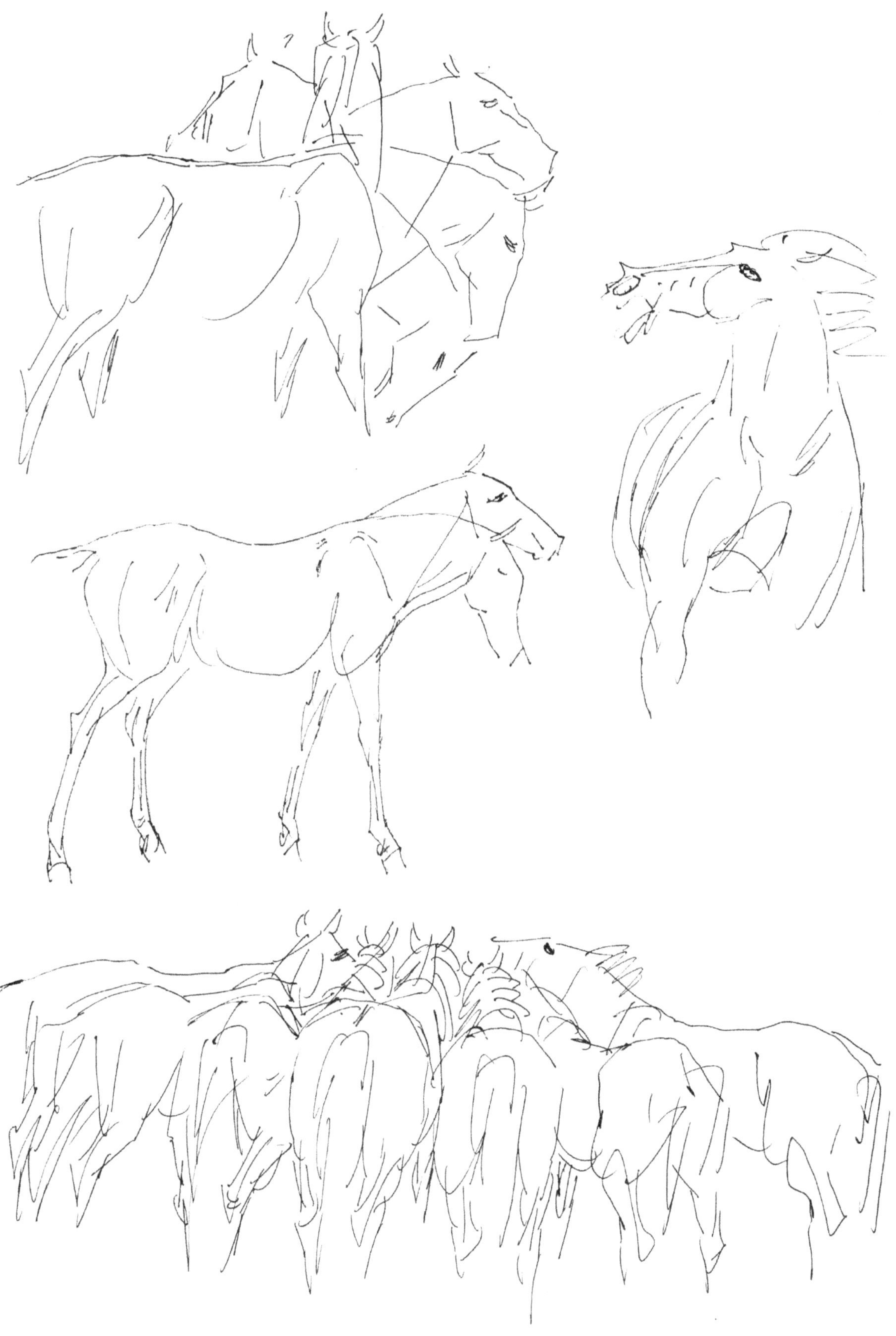

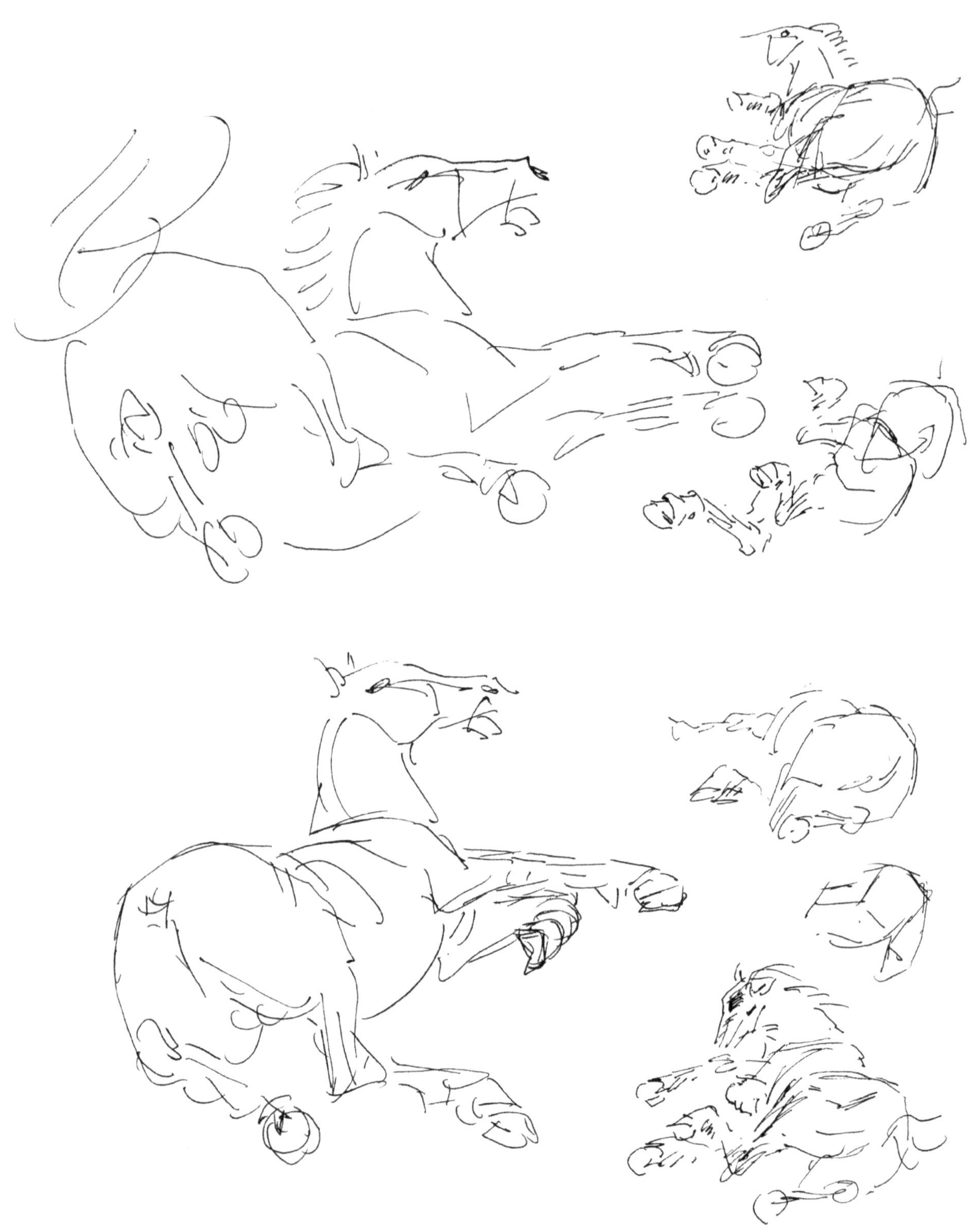

俯视角度的两匹马要在同一个视觉环境里存在。

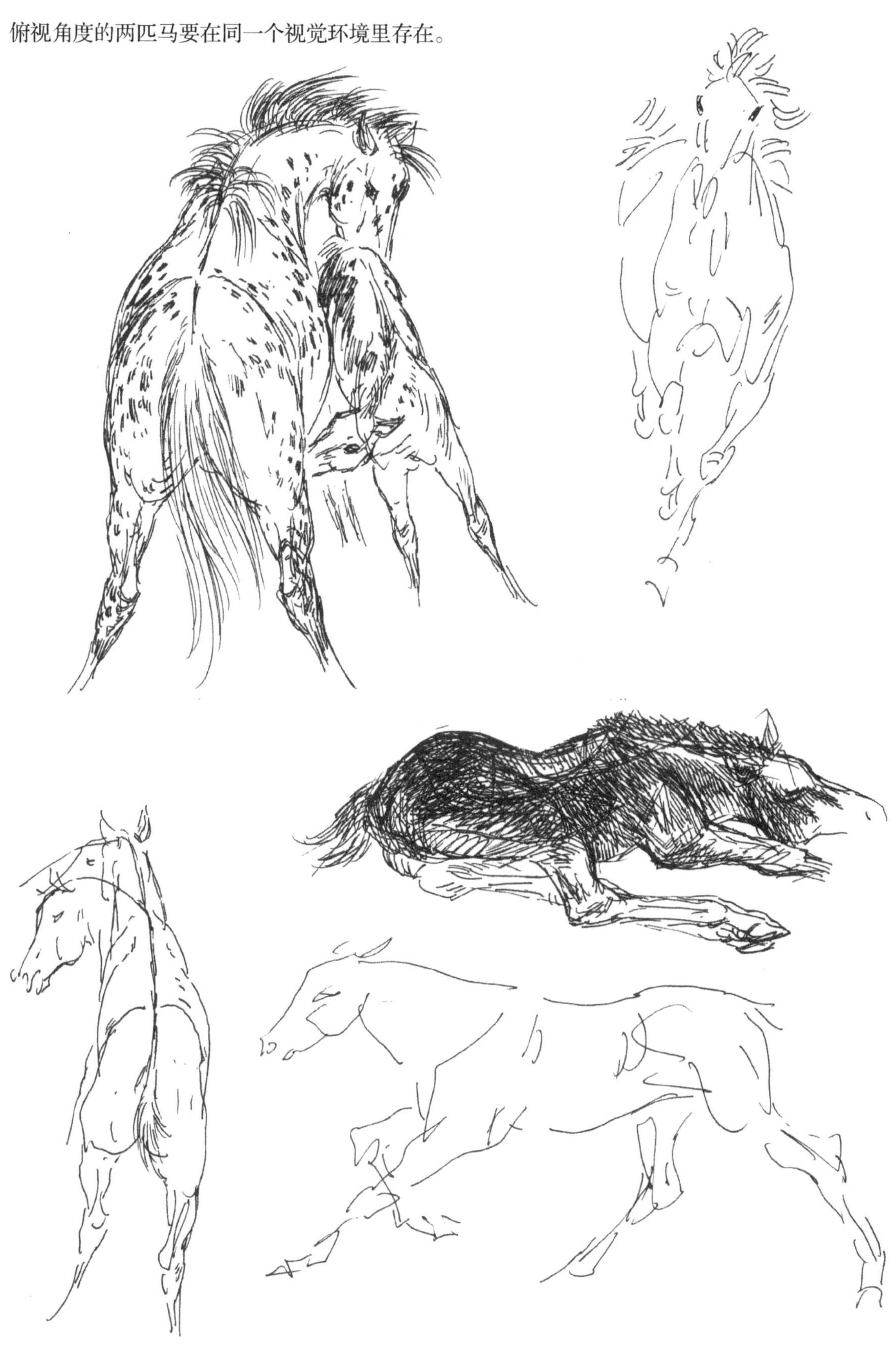

画马的写生以准确为原则，不必考虑线条的简繁。

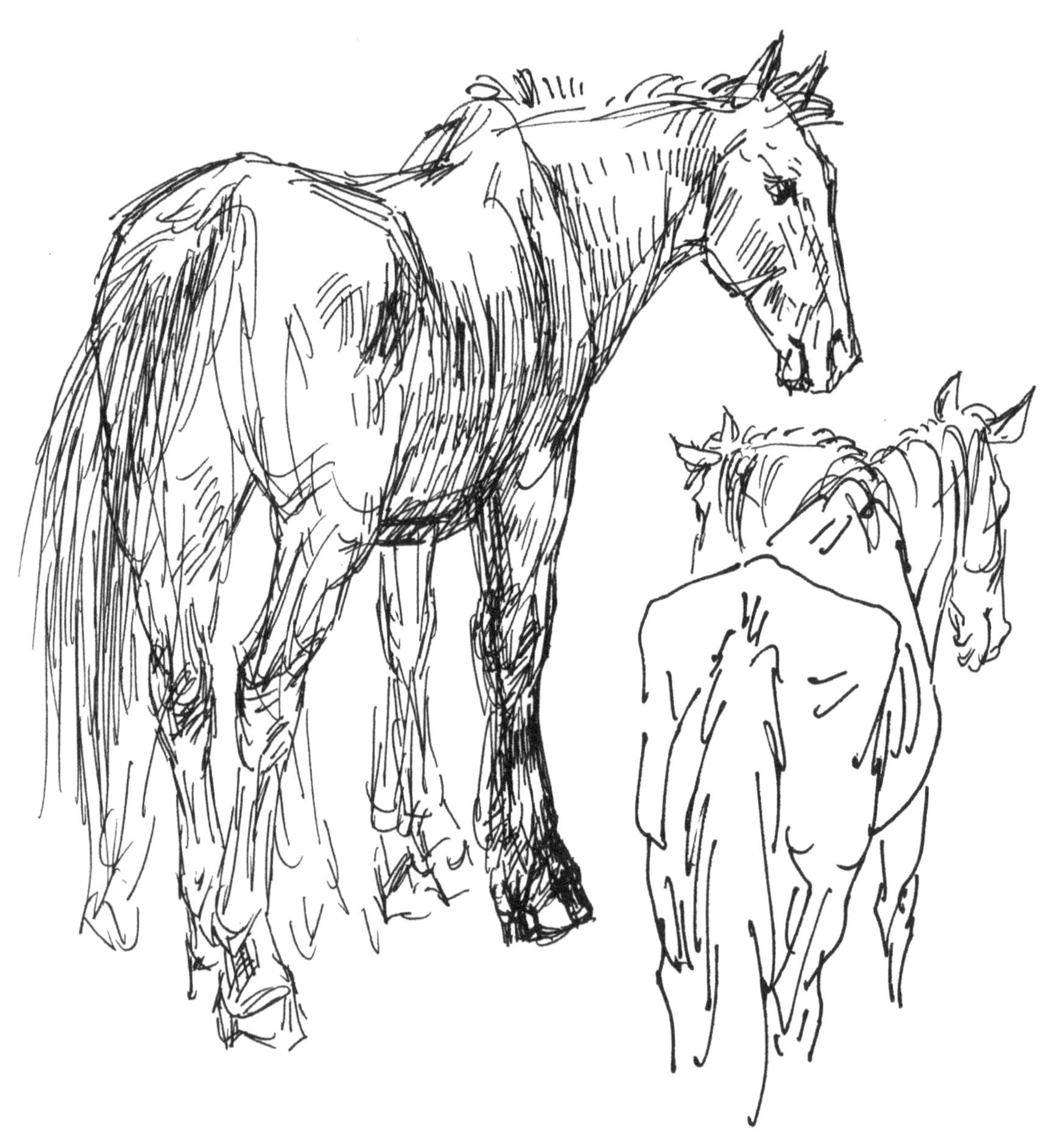

多做不同动态的练习对尽快熟悉掌握多变的马体是十分重要的。

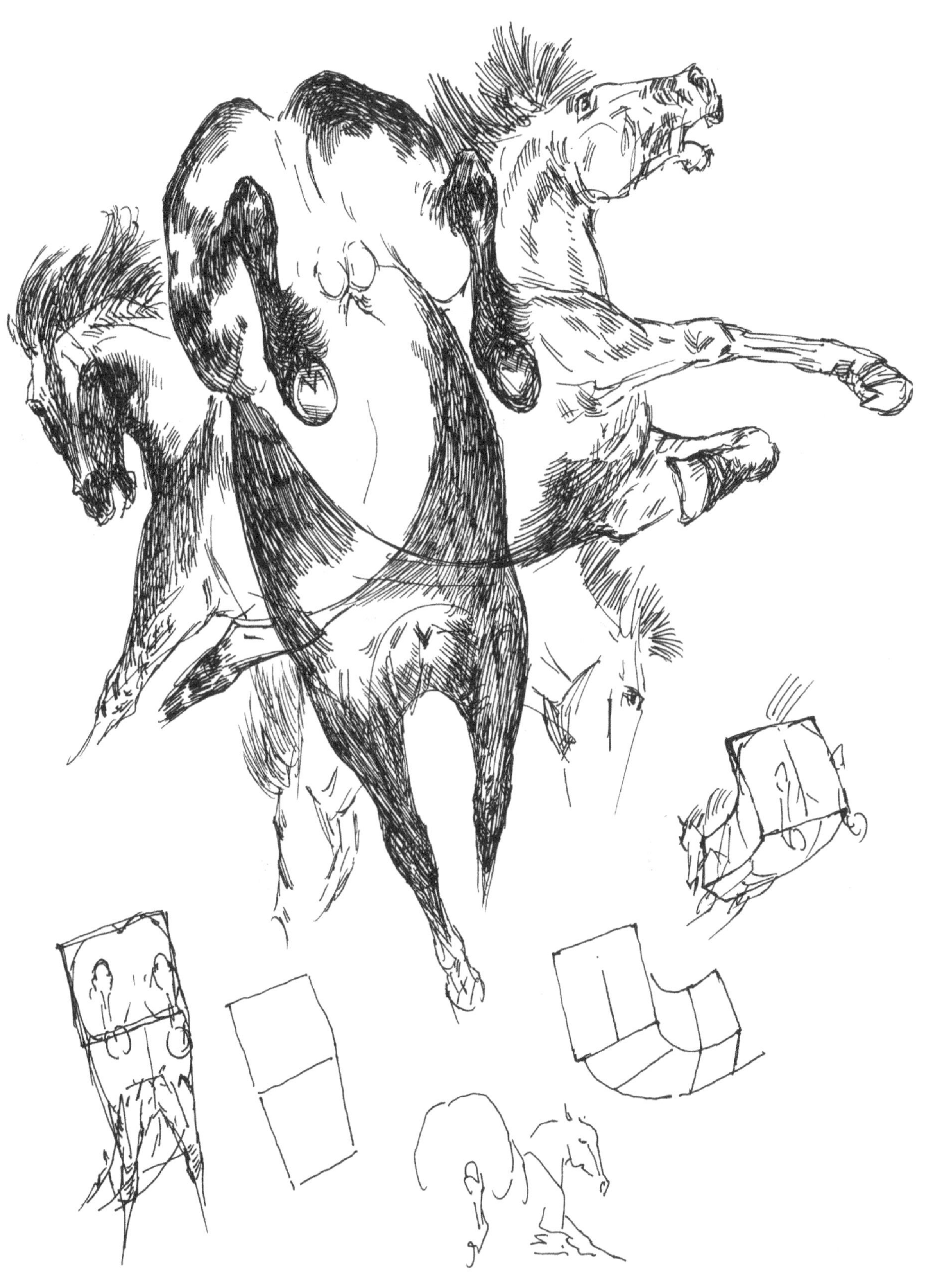

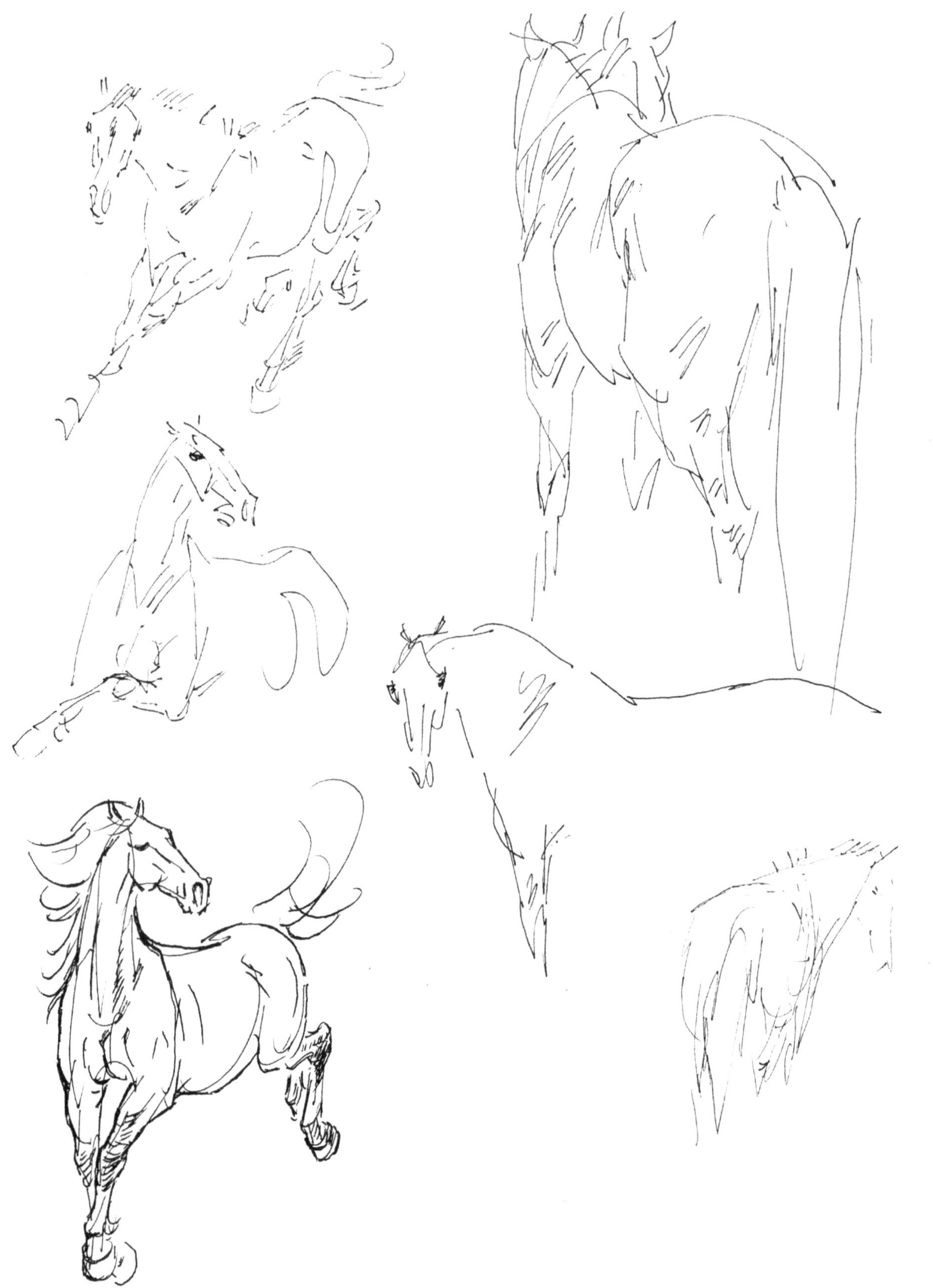

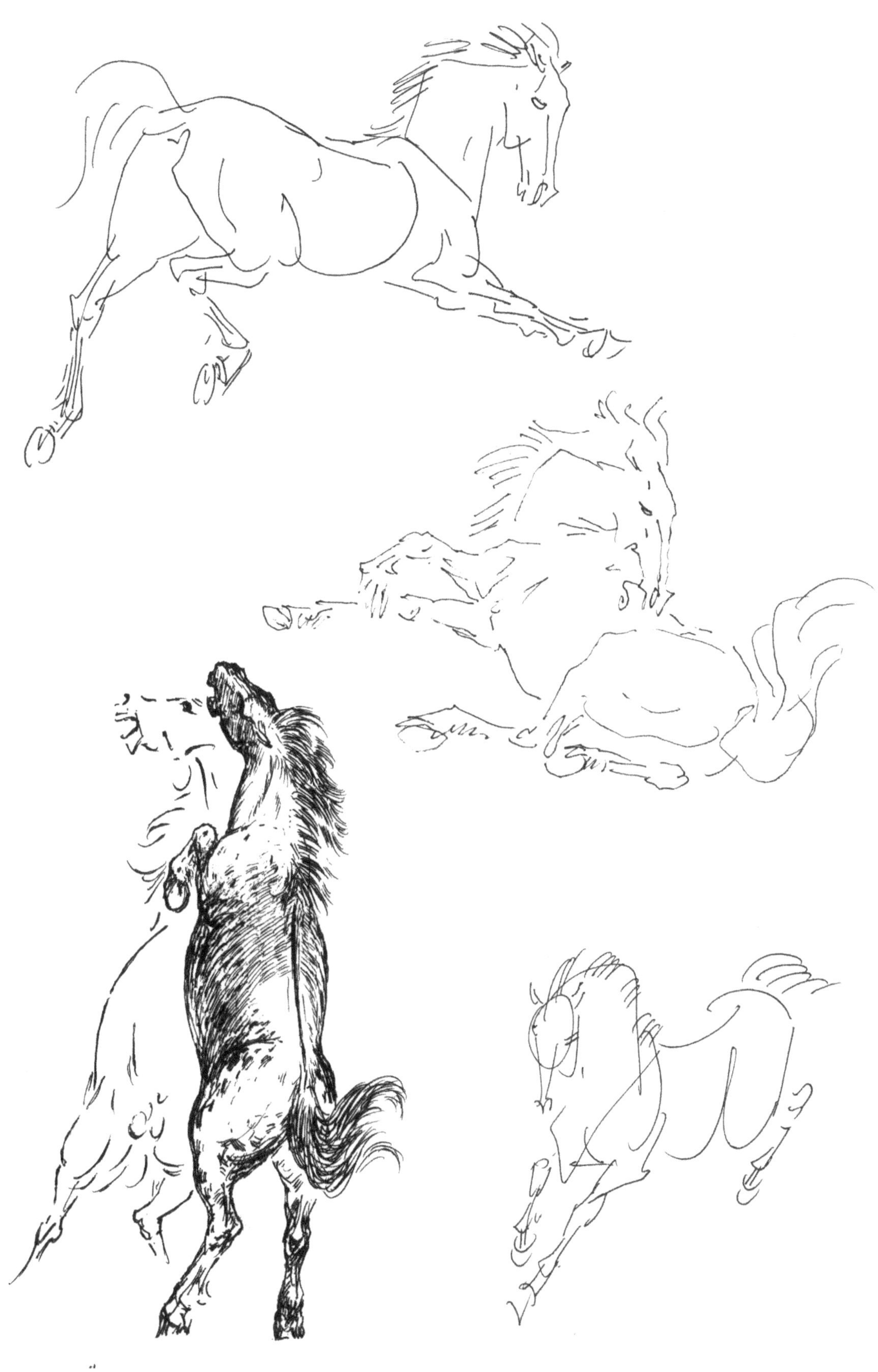

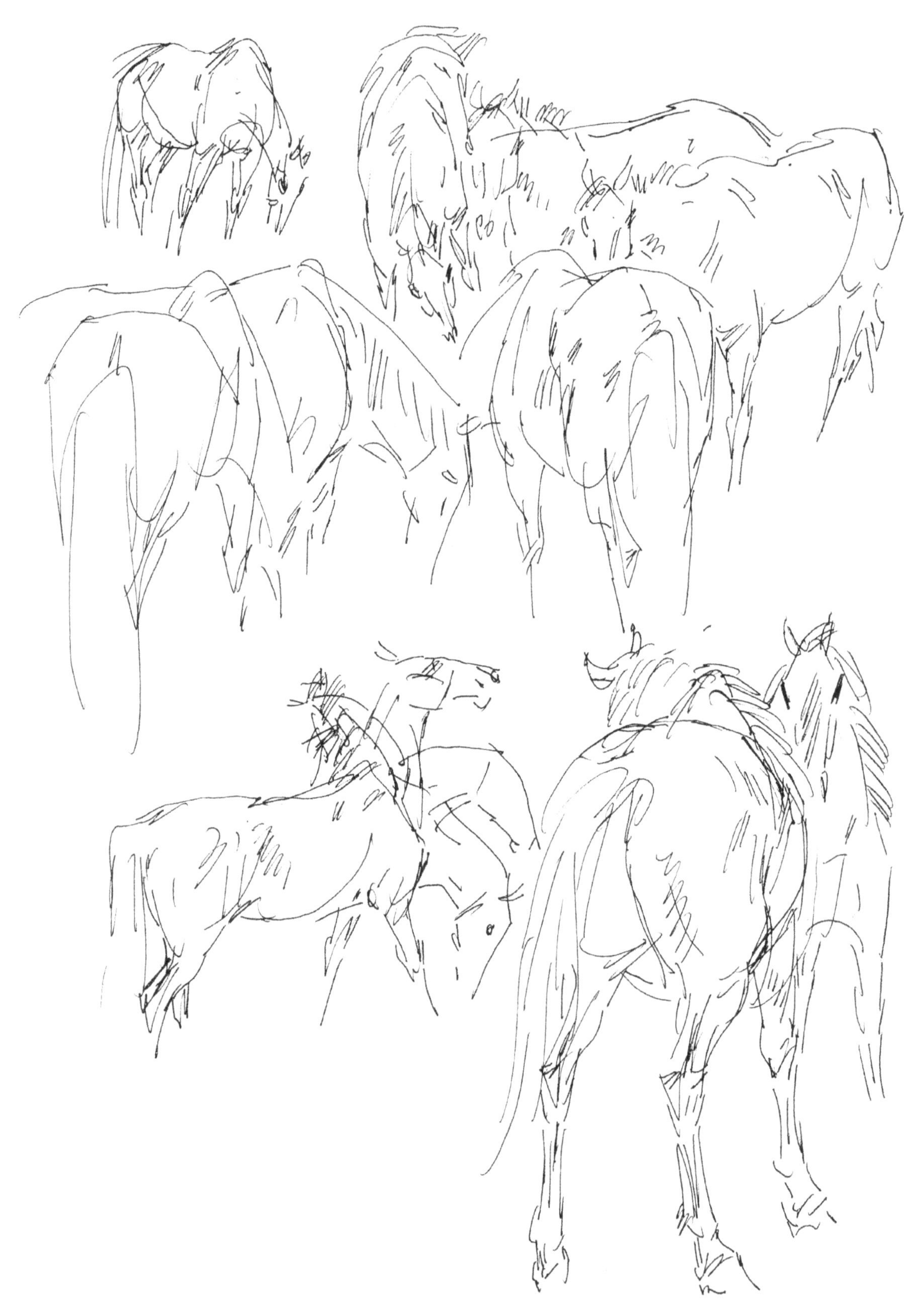

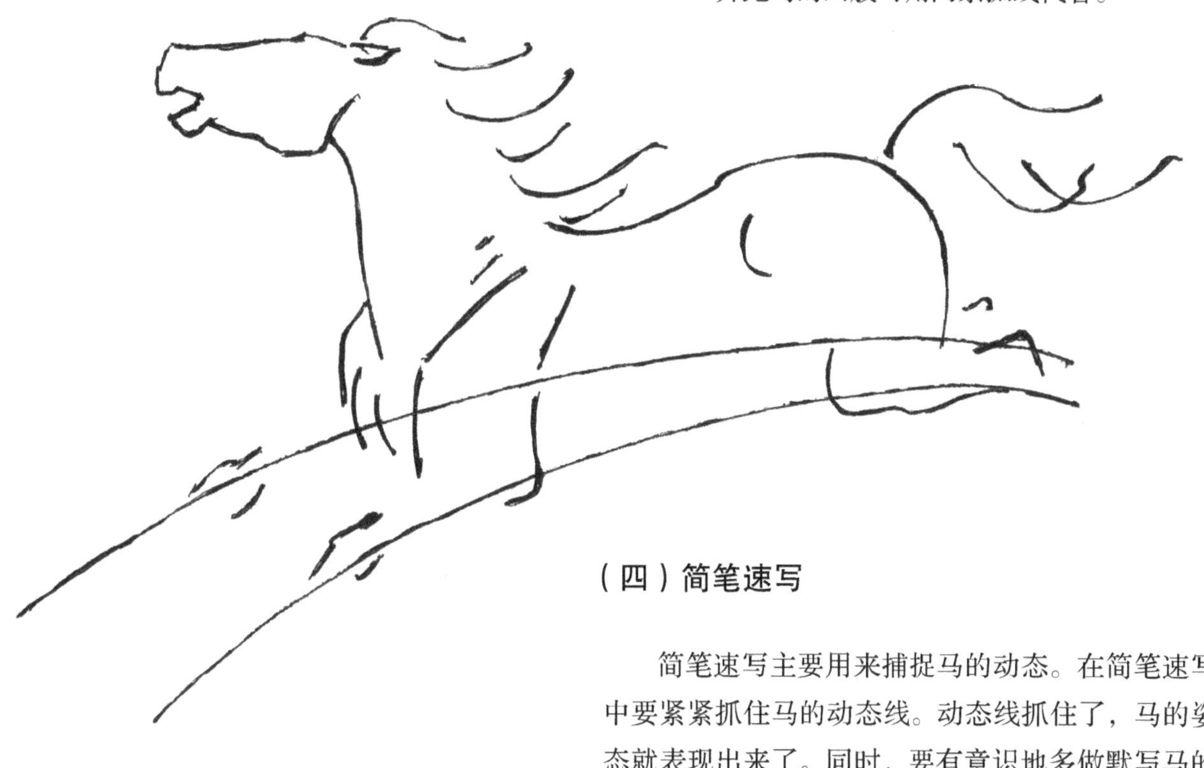

奔跑马的四肢可用两条弧线代替。

（四）简笔速写

简笔速写主要用来捕捉马的动态。在简笔速写中要紧紧抓住马的动态线。动态线抓住了，马的姿态就表现出来了。同时，要有意识地多做默写马的练习，强化对马体的骨骼、肌肉、结构、肢体的运动规律等理解。

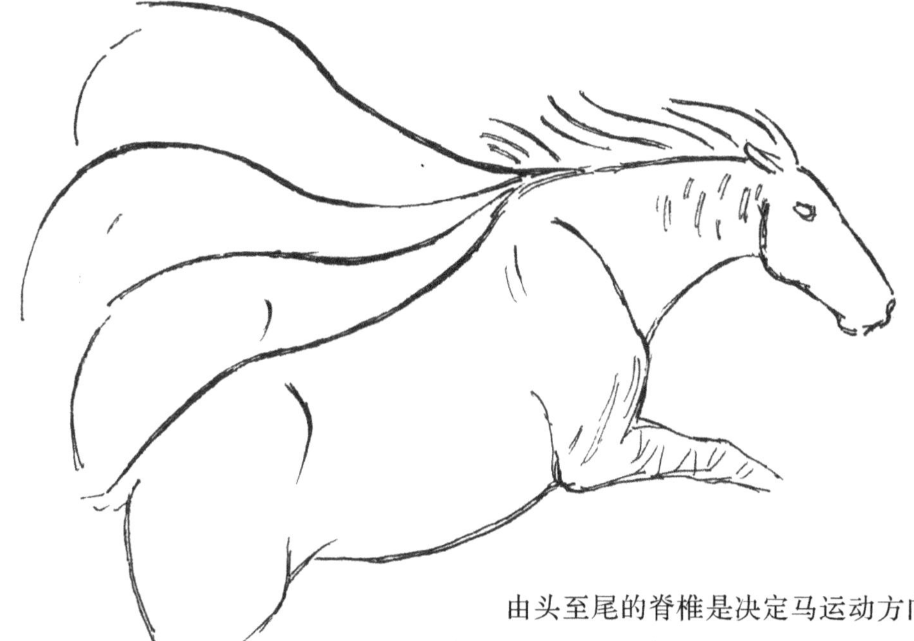

由头至尾的脊椎是决定马运动方向的动态线。抓住它，马的动势就出来了。

表现动势是简笔的特点。

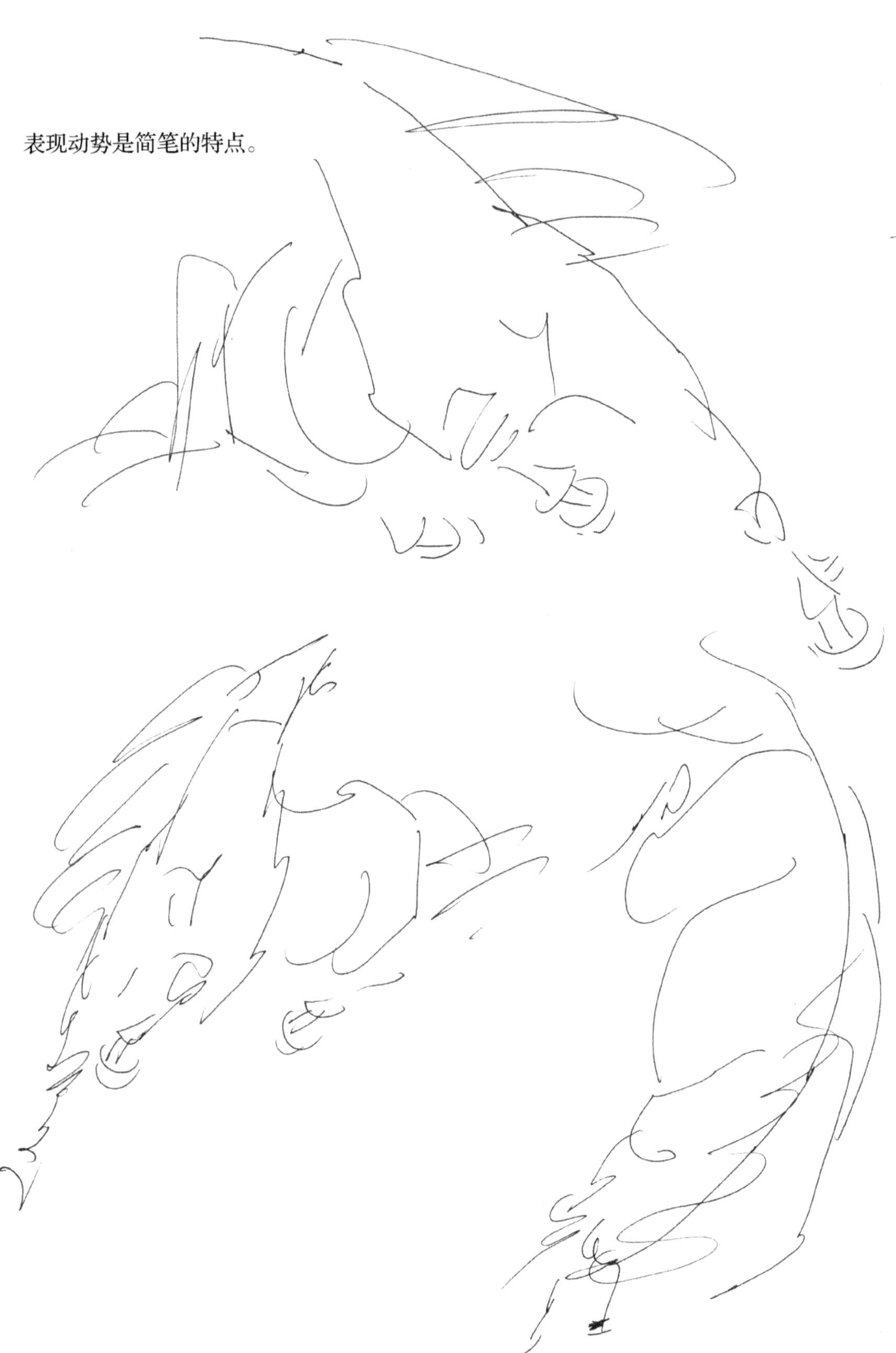

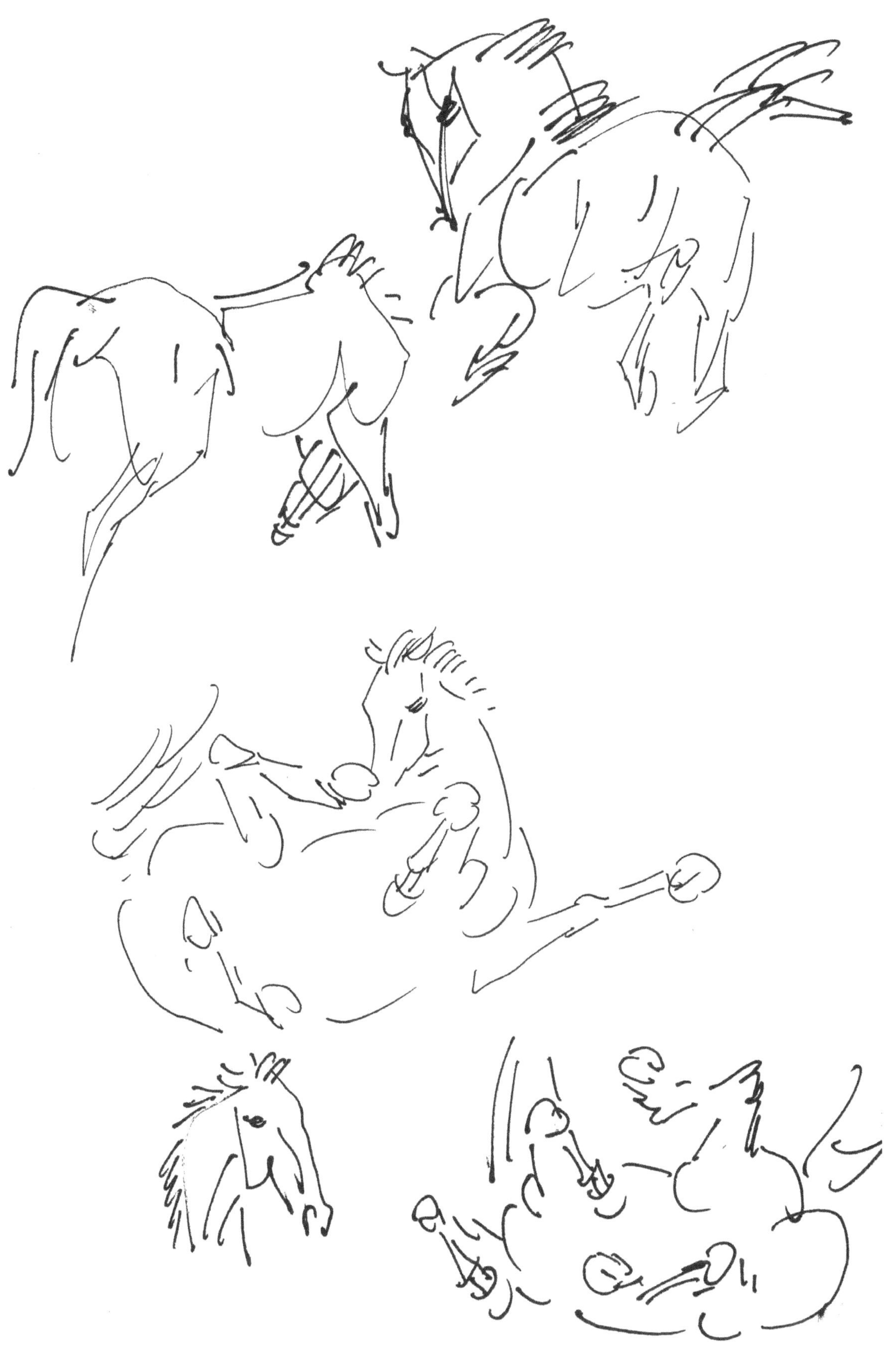

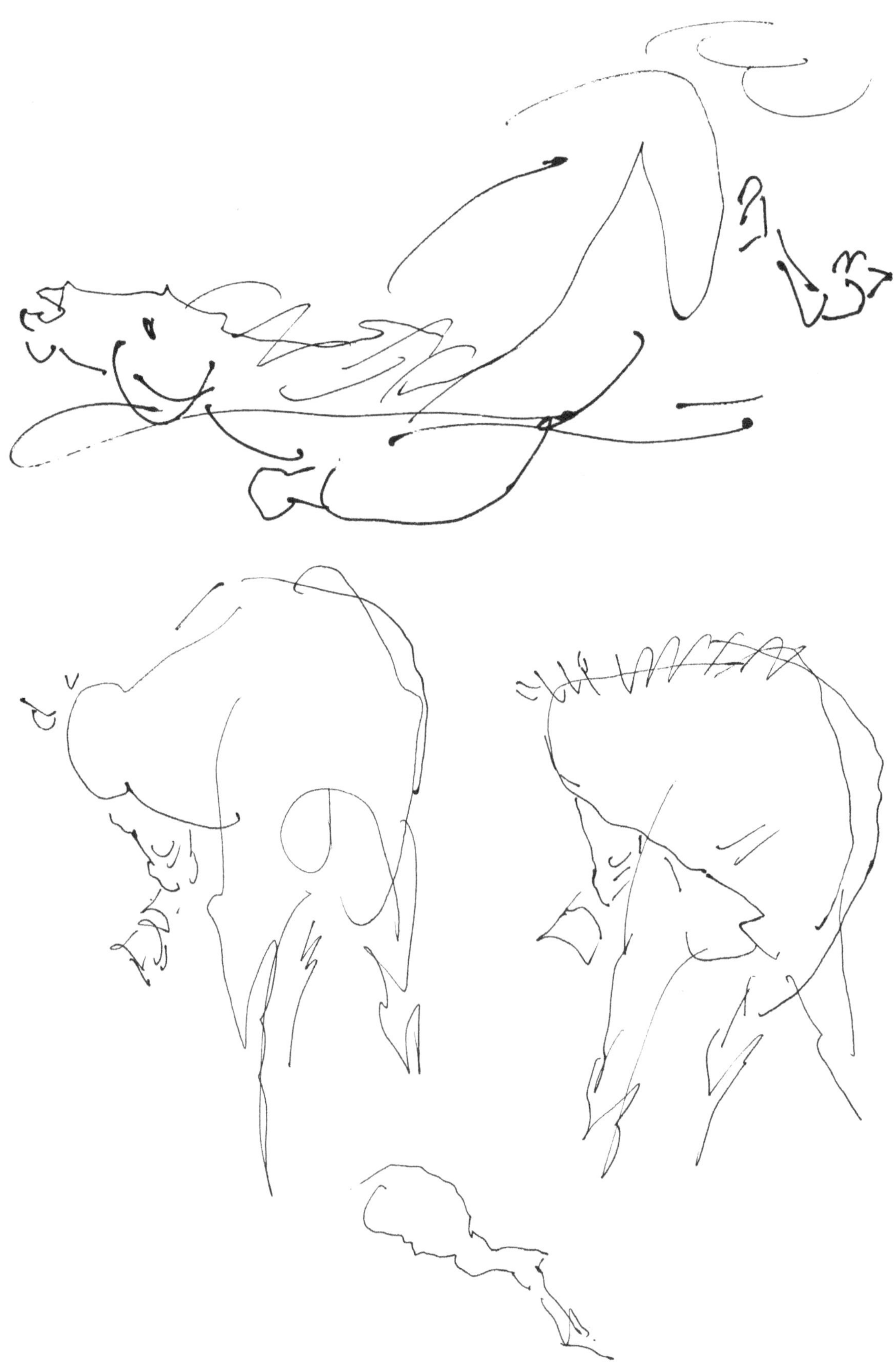

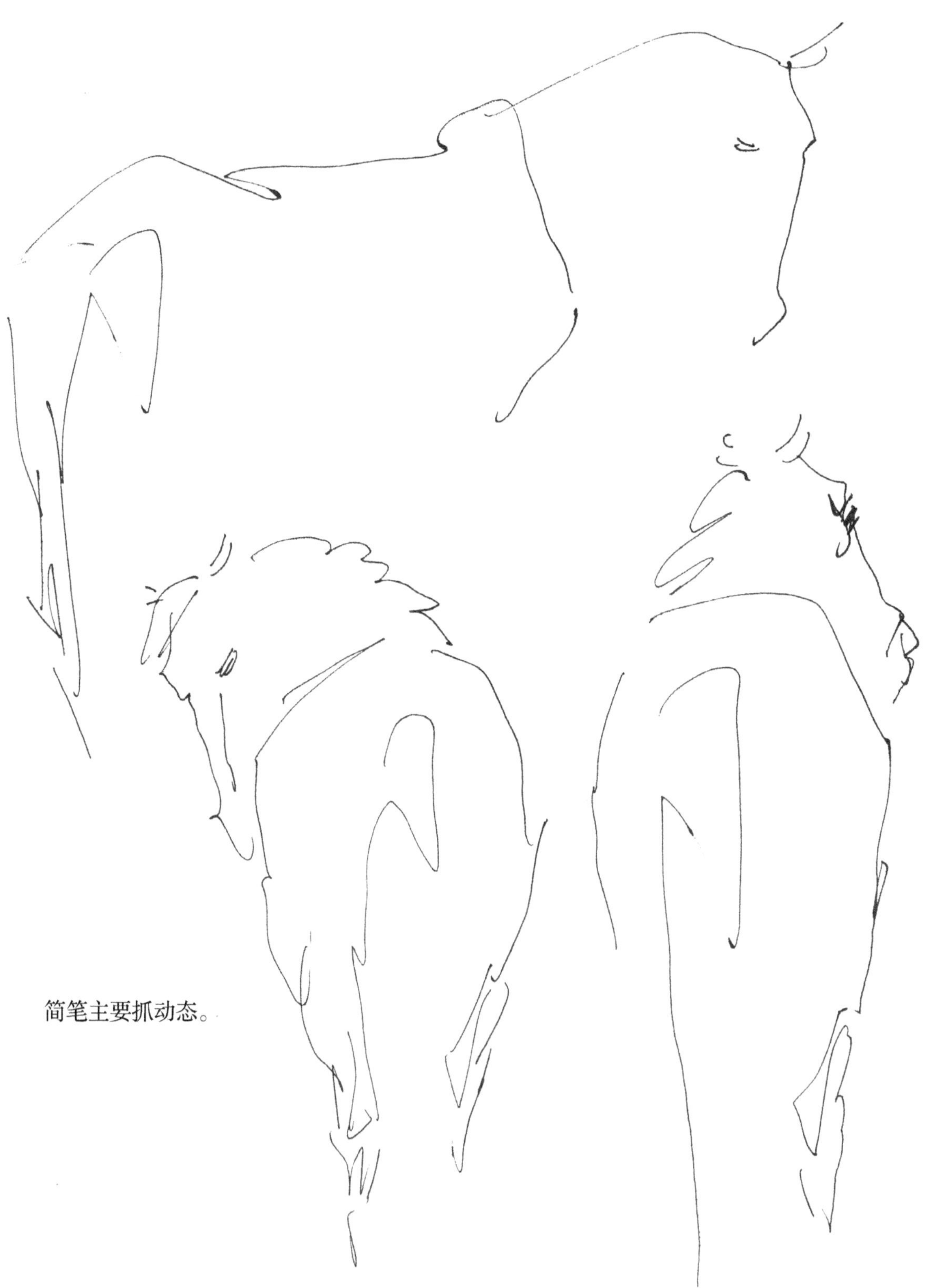

简笔主要抓动态。

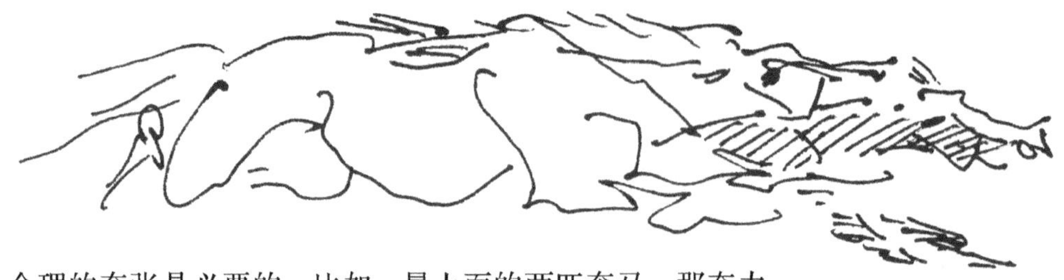

　　合理的夸张是必要的。比如，最上面的两匹奔马，那奋力
前冲的头颈，所向披靡的四肢，什么是追风逐电，就是它。

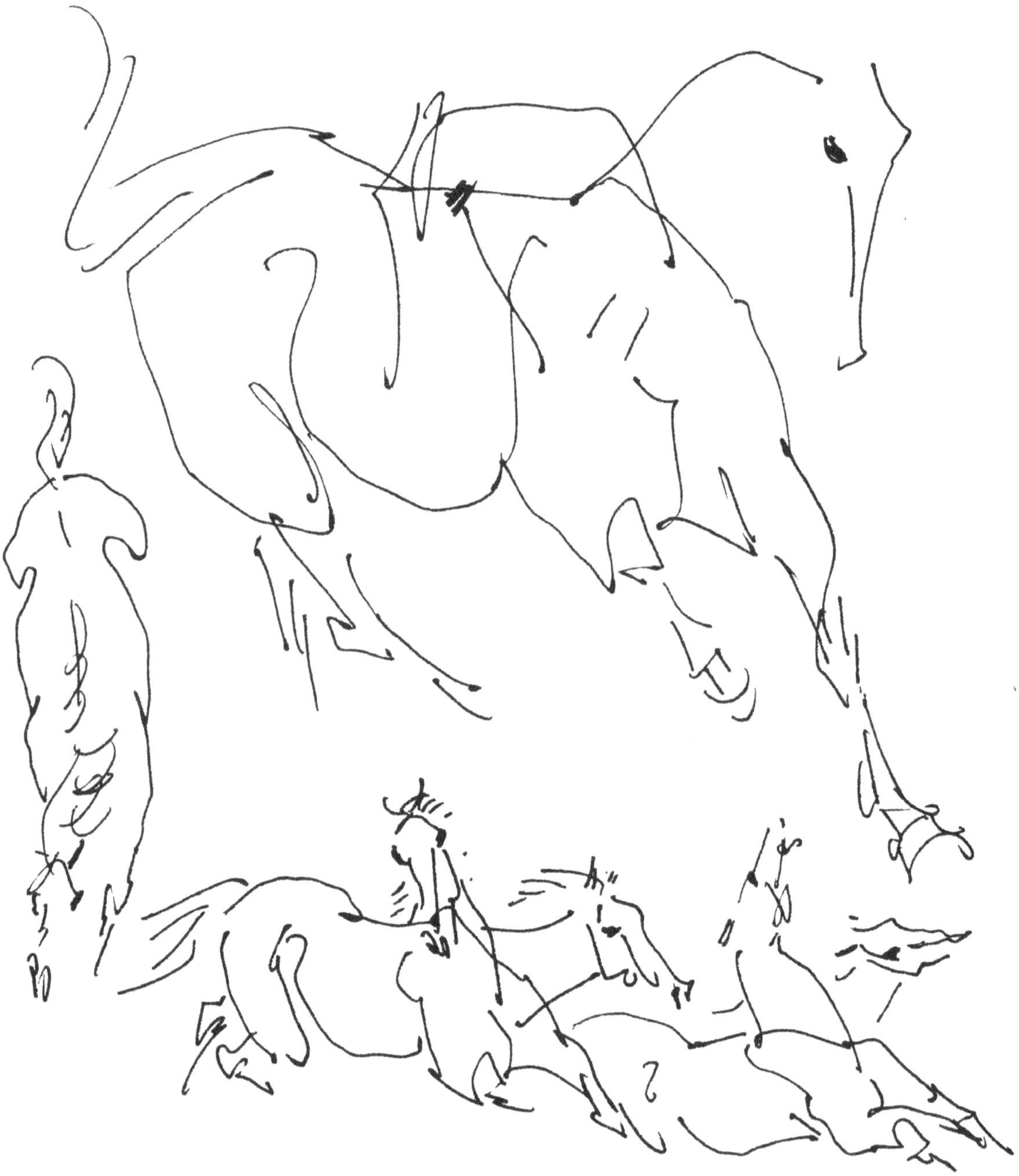

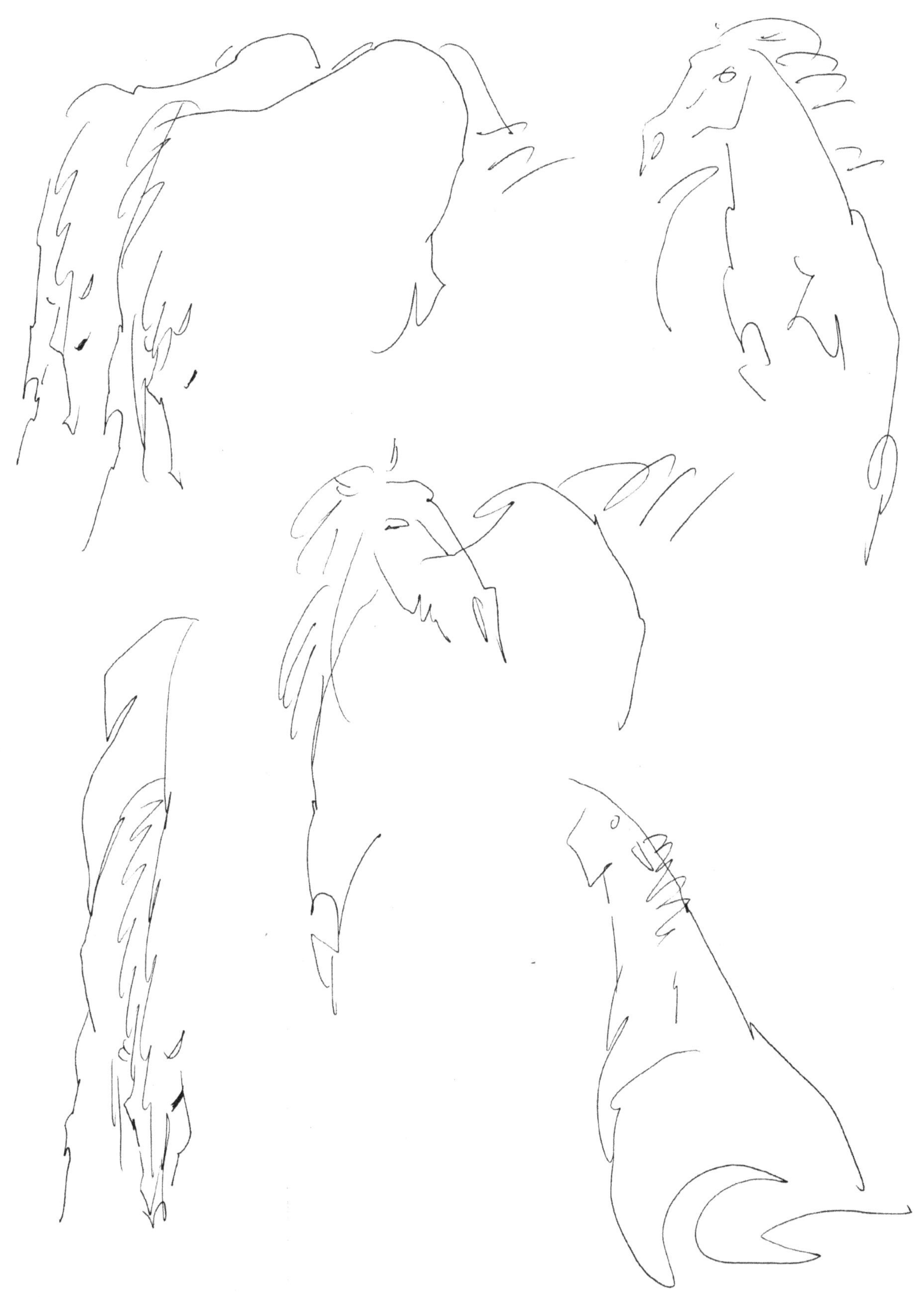